基督教文化研究丛书

主编 何光沪 高师宁

十编 第 **6** 册

基督教与近代中国变局（上）

张 德 明 著

花木兰文化事业有限公司

国家图书馆出版品预行编目资料

基督教与近代中国变局（上）／张德明 著 －－ 初版 －－ 新北市：
花木兰文化事业有限公司，2024〔民 113〕
序 22+ 目 4+140 面；19×26 公分
（基督教文化研究丛书 十编 第 6 册）
ISBN 978-626-344-619-9（精装）
1.CST：基督教史 2.CST：中国
240.8   112022496

ISBN-978-626-344-619-9

9 786263 446199

基督教文化研究丛书
十编 第六册   ISBN：978-626-344-619-9

基督教与近代中国变局（上）

作　　者 张德明
主　　编 何光沪、高师宁
执行主编 张　欣
企　　划 北京师范大学基督教文艺研究中心
总 编 辑 杜洁祥
副总编辑 杨嘉乐
编辑主任 许郁翎
编　　辑 潘玟静、蔡正宣　美术编辑 陈逸婷
出　　版 花木兰文化事业有限公司
发 行 人 高小娟
联络地址 台湾 235 新北市中和区中安街七二号十三楼
　　　　　 电话：02-2923-1455／传真：02-2923-1452
网　　址 http://www.huamulan.tw 信箱 service@huamulans.com
印　　刷 普罗文化出版广告事业
初　　版 2024 年 3 月
定　　价 十编 15 册（精装）新台币 40,000 元　　　版权所有 请勿翻印

基督教与近代中国变局（上）

张德明 著

作者简介

张德明，现为中国社会科学院历史理论研究所海外中国学研究室副主任，副研究员，硕士研究生导师，主要研究方向为中国基督教史、海外中国学、中西文化交流史，曾出版专著《基督教与华北社会研究（1927-1937）》（2018年）、《基督教五年运动与民国社会》（2023年），编注资料《罗运炎论道文选》（2023年）；在《近代史研究》《世界历史》《中研院近代史研究所集刊》《中共党史研究》《史学理论研究》《抗日战争研究》《世界宗教研究》《史学月刊》《史林》《安徽史学》《史学史研究》等核心刊物发表文章40余篇，被《新华文摘》、人大复印报刊资料《历史学》《中国现代史》等全文转载文章多篇；曾获得教育部博士研究生学术新人奖、山东省优秀硕士论文、中国社会科学院青年拔尖人才等荣誉；主持中国博士后基金面上资助、国家社科基金青年项目、国家社科基金后期资助项目、国家社科基金重大项目子课题、中国社会科学院国情调研重大项目、中央社院统一战线高端智库课题等课题多项；曾赴中研院近代史研究所、香港中文大学等地访学交流。

提　　要

　　鸦片战争后，西方基督教凭借不平等条约的保护，在华夏大地广为传教，在"三千年未有之大变局"的近代中国转型过程中曾起到特殊的作用。本书主要分基督教与近代政治、基督教与近代中日战争、基督教与近代社会三部分展开论述，探讨基督教如何融入近代中国变局，增强"中国化"的程度。

　　在近代中国政治变迁中，袁世凯、蒋介石等政治人物曾与基督教人士交往密切，并且制定了专门的基督教管理政策，形成了畸形的政教关系，导致晚清、民国政府在处理涉及传教士的外交案件时比较审慎；燕京大学等教会大学也曾借助教会学校的背景掩护，在解放战争时期积极开展学生运动。

　　在中日甲午战争、抗日战争期间，来华基督教传教士、中国基督徒也曾介入其中。传教士曾受到甲午战争的影响，并开展了对难民与伤兵的救济。日军在全面侵华战争中，对基督教造成了大肆破坏；在华基督教会及教会学校则在抗战期间开展了各种抗日救亡运动。

　　近代基督教来华后，还开办了教堂、教会学校、医院、博物馆等机构。这些教会机构在开展传教的同时，也客观上传播了西方现代文明，促进了民教关系的改善。来华基督教会还本着博爱的精神，在中国开展灾荒救济、社会改良等慈善活动，并探索教会的自治、自传、自养，推进了中国教会的本色化。

"基督教文化研究丛书"总序

何光沪 高师宁

基督教产生两千年来，对西方文化以至世界文化产生了广泛深远的影响——包括政治、社会、家庭在内的人生所有方面，包括文学、史学、哲学在内的所有人文学科，包括人类学、社会学、经济学在内的所有社会科学，包括音乐、美术、建筑在内的所有艺术门类……最宽广意义上的"文化"的一切领域，概莫能外。

一般公认，从基督教成为国教或从加洛林文艺复兴开始，直到启蒙运动或工业革命为止，欧洲的文化是彻头彻尾、彻里彻外地基督教化的，所以它被称为"基督教文化"，正如中东、南亚和东亚的文化被分别称为"伊斯兰文化"、"印度教文化"和"儒教文化"一样——当然，这些说法细究之下也有问题，例如这些文化的兴衰期限、外来因素和内部多元性等等，或许需要重估。但是，现代学者更应注意到的是，欧洲之外所有人类的生活方式，即文化，都与基督教的传入和影响，发生了或多或少、或深或浅、或直接或间接，或片面或全面的关系或联系，甚至因它而或急或缓、或大或小、或表面或深刻地发生了转变或转型。

考虑到这些，现代学术的所谓"基督教文化"研究，就不会限于对"基督教化的"或"基督教性质的"文化的研究，而还要研究全世界各时期各种文化或文化形式与基督教的关系了。这当然是一个多姿多彩的、引人入胜的、万花筒似的研究领域。而且，它也必然需要多种多样的角度和多学科的方法。

在中国，远自唐初景教传入，便有了文辞古奥的"大秦景教流行中国碑颂并序"，以及值得研究的"敦煌景教文献"；元朝的"也里可温"问题，催生了民国初期陈垣等人的史学杰作；明末清初的耶稣会士与儒生的交往对话，带来了中西文化交流的丰硕成果；十九世纪初开始的新教传教和文化活动，更造成了中国社会、政治、文化、教育诸方面、全方位、至今不息的千古巨变……所有这些，为中国（和外国）学者进行上述意义的"基督教文化研究"提供了极其丰富、取之不竭的主题和材料。而这种研究，又必定会对中国在各方面的发展，提供重大的参考价值。

就中国大陆而言，这种研究自 1949 年基本中断，至 1980 年代开始复苏。也许因为积压愈久，爆发愈烈，封闭越久，兴致越高，所以到 1990 年代，以其学者在学术界所占比重之小，资源之匮乏、条件之艰难而言，这一研究的成长之快、成果之多、影响之大、领域之广，堪称奇迹。

然而，作为所谓条件艰难之一例，但却是关键的一例，即发表和出版不易的结果，大量的研究成果，经作者辛苦劳作完成之后，却被束之高阁，与读者不得相见。这是令作者抱恨终天、令读者扼腕叹息的事情，当然也是汉语学界以及中国和华语世界的巨大损失！再举一个意义不小的例子来说，由于出版限制而成果难见天日，一些博士研究生由于在答辩前无法满足学校要求出版的规定而毕业受阻，一些年轻教师由于同样原因而晋升无路，最后的结果是有关学术界因为这些新生力量的改行转业，后继乏人而蒙受损失！

因此，借着花木兰出版社甘为学术奉献的牺牲精神，我们现在推出这套采用多学科方法研究此一主题的"基督教文化研究丛书"，不但是要尽力把这个世界最大宗教对人类文化的巨大影响以及二者关联的方方面面呈现给读者，把中国学者在这些方面研究成果的参考价值贡献给读者，更是要尽力把世纪之交几十年中淹没无闻的学者著作，尤其是年轻世代的学者著作对汉语学术此一领域的贡献展现出来，让世人从这些被发掘出来的矿石之中，得以欣赏它们放射的多彩光辉！

2015 年 2 月 25 日
于香港道风山

新世纪以来的近代中国
基督教史研究(代序)

新世纪以来,随着学术风气的开放,近代中国基督教史研究日渐受到学界重视,成为甚具活力的学术领域,研究成果日益增多,逐渐涌现出了数量可观、学术价值较高的论著。本章特回顾新世纪以来中国大陆地区学者公开出版的有关近代中国基督教史的研究成果,系统梳理考察该领域的最新热点与研究趋势。[1]

一、中国基督教史的研究范式与史料问题

中国基督教史研究作为学界关注的热点,也出现了不同的研究范式,自1949年以来,大陆学界也经历了从单纯的"文化侵略"范式到"文化交流"再到"现代化"范式的演变[2],而这些范式在当前的学界研究中仍然有不同程度的使用。

新世纪以来的中国基督教研究正在突破传统的神学方法和浓烈的意识形态束缚,利用中外学界的多种相关研究范式,并开始更多地借鉴宗教学、社会

---

1 本章关于中国基督教史研究,特指有关基督新教的研究,对欧美、日韩及港台地区的相关研究,还可参考陶飞亚、杨卫华:《基督教与中国社会研究入门》(复旦大学出版社,2009年),以及杨卫华:《港台中国基督教史研究60年》(《安徽史学》,2014年第1期)的介绍。大陆地区的相关硕博论文由于属于未出版成果,且数量庞大,暂不列入,可参考中国知网硕博论文库及万方学位论文数据库等网站的收入论文。

2 有关详细介绍,可参考王立新:《近代基督教在华传教史研究的主要范式述评》,载陶飞亚、梁元生编:《东亚基督教再诠释》,香港中文大学出版社,2004年。

学、文化学、人类学等多学科方法，形成一门综合性的研究学科，这也为研究近代在华基督教提供了新视角。在研究范式上，文化侵略范式也基本被学者抛弃，但仍有少量学者受传统观点束缚，坚持基督教侵略史观，如罗冠宗主编：《前事不忘，后事之师——帝国主义利用基督教侵略中国史实述评》（宗教文化出版社，2004 年）。文化交流范式与现代化范式，因其各自解读都有一定合理性，仍然在当前学界研究中得到广泛使用。同时，还有部分学者提出新的范式。如胡卫清的《普遍主义的挑战：近代中国基督教教育研究》（上海人民出版社，2000 年）一书又提出了"普遍主义论"，认为近代中国的基督教历史是基督教普遍主义在中国推行的结果，而其与西方列强的特殊关系又增添了教会在华活动的复杂性，不失为解释基督教在华教育的一种崭新视角，但对中国的本土情境有所忽视。随着后殖民主义理论广泛应用到中国近代史研究领域，王立新又倡导在中国语境下应用后殖民理论研究近代基督教在华传教史，他并非否定传教士对中国社会的建设性贡献，而是在肯定这种积极贡献的基础上，通过对历史事实的"重读"，来剖析传教士著作中隐藏着的文化偏见及其对中国社会的解构性影响，因此与大陆学术界建国以来盛行的从政治角度讨伐传教士配合帝国主义侵略的"文化侵略"模式并不相同，可弥补其他范式不足。[3]当前随着对传教士中国观及其中国研究关注的增多，此类范式也得到广泛应用。

纵观国内学界对基督教史的研究范式，在当时的特定时期内都有其存在的合理性，可以部分地解读基督教在华活动某一侧面，但由于近代来华基督教的本身复杂性及其活动的广泛性，上述范式并无法做到全面阐释基督教活动，以后仍需要学者进一步探索更加合适的研究路径。就中国基督教史研究而言，运用新的研究范式固然重要，但大陆学界的研究多停留在宏观研究，微观研究则刚刚起步，故搜集整理基督教中外文史料、实证考察教会在华的具体活动的研究急需加强。

史料作为一切历史研究的基础，在基督教史研究也同样重要，随着该领域研究的发展，新时期也出版了一批富有价值的中西史料。首先在 1980 年代兴起的教案史研究方面，中国第一历史档案馆与福建师范大学在之前编有《清末教案》三册中文档案资料基础上，此时期又陆续出版三册外文翻译资料，在

3　详见王立新：《后殖民理论与基督教在华传教史研究》，《史学理论研究》2003 年第 1 期。

2000-2006 年陆续将英、美、法三国的议会及外交文件中有关教案内容，各自翻译成册由中华书局出版，价值颇高。值得一提的是，在近代基督教活动规模颇为庞大的上海，在全国基督教两会、上海档案馆、上海图书馆及华东神学院都收藏有大量基督教史料，其中马长林、吴小新 2002 年主编出版了《中国教会文献目录：上海市档案馆珍藏资料》（上海古籍出版社，2002 年），介绍了该馆收藏了有关教会文献的中西资料，方便了读者查阅。

中国素有编志的传统，在近代的地方志中，也对当地的基督教活动有所记载，张先清、赵蕊娟编的《中国地方志基督教史料辑要》（东方出版中心，2010 年），则专门从晚清民国时期全国各地的部分地方志中节选了有关基督教的史料，当然还仍有大量地方志有待后续补足。在此时期全国各地新出版的地方志及文史资料中，此时期也有涉及教会历史、学校及医院的记载及回忆文章，但地方史志资料中的错误颇多，需进行中西史料互证。此时期部分省市的基督教史料结集也相应出版，如郭大松编的《中西文化交流的先驱和桥梁——近代山东早期来华基督新教传教士及其差会工作》（人民日报出版社，2007 年），则是摘译了近代基督教英文史料中有关山东传教士的记载。解成编：《基督教在华传播系年（河北卷）》（天津古籍出版社，2008 年）、秦和平等编的《四川基督教资料辑要》（巴蜀书社，2008 年）、苏德毕力格主编：《准格尔旗扎萨克衙门档案基督宗教史料》（广西师范大学出版社，2011 年），则是有关河北、四川、内蒙古地区的基督教史料的结集，其中也涉及到了天主教的史料。此外，2007 年，中国社会科学出版社还再版 1987 年出版整理过的《中华归主》一书，此次再版书名改为《1901-1920 年中国基督教调查资料》，该资料为中华续行委办会组织全国各教会进行的调查资料结集，曾于 1922 年出版了中英文版，为了解 20 世纪早期基督教在华活动不可或缺的原始资料。此外，在基督徒资料方面，燕京研究院编辑出版了著名神学家赵紫宸的论著《赵紫宸文集》四卷本（商务印书馆，2004 年）。赵晓阳还整理出版了吴耀宗、赵紫宸的文集——《中国近代思想家文库》吴耀宗卷、赵紫宸卷（中国人民大学出版社，2014-2015 年），收录了两人发表的诸多有价值的文章。上述资料集，可在国家图书馆、上海图书馆、中国社会科学院近代史研究所图书馆等图书馆查阅。

随着基督教史研究的兴起，目前部分出版社也重视基督教史料的整理出版，尤以国家图书馆出版社与广西师范大学出版社贡献最大。如国家图书馆出版社 2013 年起推出了《华西教会新闻》（The West China Missionary News,

1899-1943)（全 32 册）、《博医会报》（The China Medical Journal，1887-1931）（全 42 册）、《教育季报》（Educational Review，1907-1938）（全 24 册）、《中国基督教年鉴》（1910-1939，全 24 册）、《近代基督教史料汇编》（全 30 册）等珍稀史料，堪称为全面记录和展示在华新教活动的百科全书，极大地方便了学者们研究。广西师范大学出版社还推出了"中国基督宗教史料丛刊"，涉及基督教的史料则有《边疆服务》（2011 年，2 册）等。在英文史料方面，广西师范大学出版社与国外机构合作，还影印整理出版了传教士创办的《中国丛报：1832-1851》20 册与《〈中国丛报〉篇名目录及分类索引》（2008 年）、《美国爱默蕾大学图书馆藏来华传教士档案使用指南》（2008 年）、《傅兰雅档案》（3 卷，2010 年）、《美国明尼苏达大学馆藏基督教男青年会档案：英文中国年度报告（1896-1949)》（全 20 册，2012 年）、《美国耶鲁大学图书馆藏卫三畏未刊往来书信集》）（全 23 册，2013 年）、《美国欧柏林大学档案馆藏来华传教士档案使用指南》（2015 年）、《丁家立档案》（2015 年）等资料。而该社 2009 年起出版的多辑《中国研究外文旧籍汇刊·中国记录》系列中，也有多部来华传教士所著的反映中国社会的英文作品，另该社还影印了马礼逊、米怜等部分来华传教士的英文传纪及著作出版。

美国哈佛大学哈佛燕京图书馆与在华教会渊源颇深，也收藏有部分教会资料，广西师范大学出版社 2012 年影印的《美国哈佛大学哈佛燕京图书馆藏民国文献丛刊》中，其中专门的有基督教类书籍 5 大册，涉及了教会历史，教会学校及医院的情况；张美兰整理的《美国哈佛大学哈佛燕京图书馆藏晚清民国间新教传教士中文译著目录提要》（广西师范大学出版社，2013 年），则著录哈佛燕京图书馆藏晚清民国间新教传教士中文译著 786 种，大体介绍这些著作的情况。而中国宗教历史文献集成编纂委员会编纂的《东传福音》25 册（黄山书社，2005 年），收录了大量晚清民国时期基督教历史中文著作，如有《郭显德牧师行传全集》《中国耶稣教会小史》《浸会在华布道百年略史》等稀见图书。张西平等则先后主编出版了多卷本的《马礼逊文集》（大象出版社，2008 年）及《卫三畏文集》（大象出版社，2014 年），收录了以上两位传教士的英文作品。广州基督教青年会还编辑了《中国基督教青年会史料汇编》第一、二辑，分别由宗教文化出版社 2019 年、2022 年出版。此外，唐晓峰主编：《民国时期非基督教运动重要文献汇编》（社会科学文献出版社，2015 年）、唐晓峰、李韦主编：《抗日战争时期基督宗教重要文献汇编》（社会科学文献出版社，2020 年）、周伟驰主编：《太平天国与基督教研究资料选编》（社会科学文献出版社，2022 年）。此外，王强主编的《近代教会大学历史文献丛刊》80 册（凤凰出版社，2015 年），则是收集了在华教会大学有关校史资料、校刊等百余种。

特别值得注意的是，在史料整理方面，由上海大学陶飞亚教授主持的国家社科基金重大项目《汉语基督教文献书目的整理与研究》于 2012 年获准立项。该项目旨在发现、搜集海内外稀见的中文文献，为学界提供一个完整的汉语基督教文献书目指南，并在 2017 年由广西师范大学出版社推出了《汉语基督教珍稀文献丛刊》（全 10 册），并计划出版《汉语基督教文献书目及提要》及《海内外汉语基督教稀见文献选编》，建设汉语基督教文献书目数据库，相信会极大提升基督教史料的建设水平。上海大学为此还于 2013、2016 年举行了第一、二届"汉语文献与基督教研究"的国际学术研讨会，会集了欧美及两岸三地学者，共同研讨汉语基督教文献问题。

二、中国基督教史研究的热点问题

（一）相关研究机构与会议的举办

新世纪以来的中国基督教史研究也吸引了历史学、宗教学、人类学、社会学等多学科学者参与，出现了多所专门的研究机构，举办了一系列的学术会议。单就全国的研究机构来看，如复旦大学、四川大学、中国人民大学、浙江大学、暨南大学、华中师范大学、福建师范大学、汕头大学都有专门的基督教研究中心，而上海大学、北京大学、华东师范大学、兰州大学、山东大学、厦门大学、中央民族大学等高校则有宗教文化研究中心，其中基督教研究也是重要领域之一。而上述高校也招收培养了大量的硕博研究生，他们将基督教史研究作为研究方向，成为颇有潜力的青年研究力量。此外，中国社科院世界宗教所及上海、云南、陕西、新疆、江西、宁夏等地社科院也有各自宗教研究所，也将基督教研究设为重要方向。

随着基督教研究的活跃，国内也有大量的学术期刊应运而生。除了较早的《世界宗教研究》《世界宗教文化》《宗教学研究》等专门的宗教类刊物外，在新世纪还有华中师范大学主办的《基督教与中国文化丛刊》、加拿大维真学院中国研究部主持的《基督教思想评论》、复旦大学基督教研究中心主办的《基督教学术》、中国人民大学基督教研究所主办的《基督教文化学刊》、中国社科院世界宗教所主办的《基督宗教研究》《基督教中国化研究》等,以上刊物都有专栏刊发中国基督教史文章。特别是上海大学宗教与中国社会研究中心作为国内基督教史研究的重镇,不仅主办《中国基督教研究》《中国基督教史研究通讯》,还连续出版《宗教与历史》系列辑刊,并与美国洛杉矶基督教与中国研究中心联合举办多次有关基督教史的学术活动及会议。值得一提的是,北京大学肖清和主办的"汉语基督教研究网",还定期更新有关国内外学界有关基督教研究的最新动态。

以基督教史为主题的国内相关学术会议也多次召开,部分会议还形成了规模与特色。如仅就 2012 年来看,国内召开多次基督教研究学术会议,如东北师范大学举办的"东北地区基督宗教与中西文化交流"研讨会;山东大学举办的"登州文会馆与近代中国文化教育事业"学术研讨会;四川大学举办的"基督教文字传媒与中国近代社会"学术研讨会;华东师范大学举行的"民初多元语境下的中国基督教"学术研讨会;福建师范大学举办的"多学科视野下的中国基督教本土化研究"学术研讨会等。同时,数处会议已坚持多年举办,形成品牌效应,如中国社会科学院世界宗教研究所、福建师范大学基督教研究中心、华中师范大学东西方文化交流中心已连续多年举办基督教研究会议,而香港中文大学也每两年举办一次青年学者的基督教史会议。特别是美国旧金山大学利玛窦中西历史文化研究所为推进国内基督教史研究,还与上海大学、兰州大学、山东大学、四川大学等高校合办了多次基督教史会议,涉及到本色教会、妇女事业、医疗事业、中文史料、地方社会等主题,并由上海人民出版社陆续出版了相应论文集[4],极大提升了国内基督教研究水平。与会学者开始从多学科、多视角研究中国基督教,重新认识评价基督教在华活动,也加强了学者间的交流与探讨。

---

4 具体由上海人民出版社公开出版的论文集有:刘家峰编:《离异与融会 中国基督教与本色教会的兴起》(2005 年)、陶飞亚编:《性别与历史:近代中国妇女与基督教》(2006 年)、尹文涓编:《基督教与中国近代中等教育》(2007 年)、张先清编:《史料与视界:中文文献与中国基督教史研究》(2007 年)、特木勒主编:《多元族群与中西文化交流:基于中西文献的新研究》(2010 年)、刘天路编:《身体·灵魂·自然:中国基督教与医疗、社会事业研究》(2010 年)、刘树森编:《基督教在中国:比较研究视角下的近现代中西文化交流》(2010 年)、吴义雄编:《地方社会文化与近代中西文化交流》(2010 年)、赵轶峰编:《文本、地域与解释的新视角:中国东北地区的基督宗教与中西文化交流》(2013 年)。

（二）基督教传教士及研究作品翻译热

新世纪以来，随着国内外学术交流的日渐加强，国内学者也越来越多将外国作品翻译成中文出版。近代在华传教士曾将在中国的亲身经历、所见所闻著录成书，在此时期也被国内学者大量翻译出版，成为研究中外关系史、西方文化在中国的传播和影响、中外文化的互动等方面极其重要的第一手资料，更是研究中国近代社会生活的重要资料。如中华书局 2006 年起组织翻译出版的"西方的中国形象"丛书、国家图书馆 2007 年起组织翻译出版的"亲历中国丛书"，南京出版社 2009 年组织翻译的"西方人看中国"系列及国家大清史工程的"编译丛刊"中，涉及到了卫三畏、李提摩太、明恩溥、麦高温、何天爵、倪维思、胡美、司督阁、丁韪良、韦廉臣等传教士所写的反应中国社会生活及教会传教活动的作品。如明恩溥的《中国人的特性》一书，更是多次被不同出版社翻译再版，可见其受欢迎程度。

广西师范大学出版社还组织翻译出版了"来华基督教传教士传纪"丛书，如《卫三畏生平及书信：一位美国来华传教士的心路历程》（2004 年）、《马礼逊回忆录》（2004 年）、《花甲忆记：一位美国传教士眼中的晚清帝国》（2004 年）、《李提摩太在中国》（2007 年）、《伯驾与中国的开放》（2008 年）、《千禧年的感召：美国第一位来华新教传教士裨治文传》（2008 年）、《朝觐东方：理雅各评传》（2011 年）、《传教士新闻工作者在中国：林乐知和他的杂志（1860-1883）》（2014 年）、《虽至于死：台约尔传》（2015 年）等。此外，还有学者翻译了多部来华传教士的个人传纪，如郭大松先后翻译出版了两位在山东活动的传教士传纪，《中华育英才：狄邦就烈传》（中国文史出版社，2009 年）及《一位在中国山东 45 年的传教士：狄考文》（中国文史出版社，2009 年），程麻等则翻译了美国传教士蒲安娜所写的《往日琐事：一位美国女传教士的中国记忆》（山东画报出版社，2010 年）。另有《杨格非：晚清五十年》（天津人民出版社，2012 年）、《邵武四十年：美国传教士医生福益华在华之旅 1892-1932》（中央编译出版社，2015 年）、《近代化进程中的微澜：传教士与开埠烟台》（山东人民出版社，2017 年）等记录传教士活动的译著出版。

同时，国内学者还翻译了一批近来国外学者所著的基督教史作品，有助于国内了解欧美学界的最新研究成果。如芳维廉著，刘家峰译：《基督教高等教育在变革中的中国》（珠海大学出版社，2003 年）、何凯立著，陈建明、王再兴译：《基督教在华出版事业：1912-1949》（四川大学出版社，2004 年）、邢军著，赵晓阳译:《革命之火的洗礼：美国社会福音与中国基督教青年会》(上海古籍出版社，2006 年)、李榭熙著、雷春芳译:《圣经与枪炮：基督教与潮州社会（1860-1900)》(社会科学文献出版社，2010 年)、狄德满著、崔华杰译:《华北的暴力和恐慌：义和团运动前夕基督教传播和社会冲突》(江苏人民出版社，2011 年)、史维东著、吴薇译:《中国乡村的基督教：1860-1900 年江西省的冲突和适应》(江苏人民出版社，2013 年)、简．亨特著、李娟译:《优雅的福音：20 世纪初的在华美国女传教士》(三联书店，2014 年)等。美国李可柔、毕乐思主编的《光与盐》两卷本(团结出版社，2014 年)为晏阳初、张福良、刘廷芳等 20 多位著名中国基督徒的传纪介绍，也被翻译出版。外国学者的基督教史研究，不仅大量使用原始外文资料，而且研究视角独特，理论分析深入，值得国内学者学习。

（三）区域个案史研究增多

改革开放之后的基督教史研究多是宏观考察，区域个案研究不多，而在此时期对中国基督教史的区域个案史研究也得到学者们重视，多部论著涉及到基督教在华活动的多区域及来华传教士、差会、基督徒个案，深化了基督教史研究。

近代来华基督教活动几乎波及全国，而在北京、广东、浙江、山东、河北、福建、河南等基督教活动密集地区，学者们也多进行了区域史的考察。广东基督教研究为学界关注的热点区域之一，相关著作有吴义雄的《在宗教与世俗之间：基督教新教传教士在华南沿海的早期活动研究》(广东教育出版社，2000 年)、郭德焱:《基督教新教传教士与广州口岸》(广东人民出版社，2002 年)、赵春晨等著:《基督教与近代岭南文化》(上海人民出版社，2002 年)、胡卫清:《潮汕地区基督教传播研究（1881-1949)》(广东人民出版社，2005 年）及葛琳:《深圳近代教会建筑传播与影响研究》(东南大学出版社，2016 年)等。康志杰:《教士东来：长江流域的基督教》(武汉出版社，2006 年)、左芙蓉:《基督教与近现代北京社会》(巴蜀书社，2009 年)、龚缨晏编著:《浙江早期基督教史》(杭州出版社，2010 年)、杨靖筠:《北京基督教史》(宗教文化出版社，2014 年)、董延寿:《基督新教在河南的传播与发展研究》(人民出版社，2014 年)、邱广军:《基督教与近代中国东北社会》(中国社会科学出版社，2014 年)、谢必震、吴巍巍:《闽台基督宗教关系研究》(福建教育出版社，2016 年)、刘海涛:《河北基督教史》(宗教文化出版社，2016 年)、陈伟:《杭州基督教史》

（当代中国出版社，2017年）、姚兴富：《江苏基督教史》（社会科学文献出版社，2018年）、张德明：《基督教与华北社会研究（1927-1937）》（花木兰文化事业有限公司，2018年）及徐炳三：《近代中国东北基督新教研究（1867-1931）》（宗教文化出版社，2019年）等，涉及到华北、华东、华南、华中、东北等不同区域的基督教史研究。

山东基督教史作为开展较早的区域研究，在陶飞亚、刘天路的《基督教会与近代山东社会》（山东大学出版社，1996年）后，当前山东大学胡卫清、刘天路教授也正在从事教育部课题《山东基督教历史研究》，山东师范大学郭大松教授及其学生则对烟台基督教及英国浸礼会、美国北长老会等在山东新教差会的个案研究上有多篇成果。孙顺华的《基督教传播与近代青岛社会文化研究》（中国社会科学出版社，2010年）则关注了近代青岛基督教传播的历史。

同时，以往学者对西南、西北地区基督教活动研究不多，此时期也出现了多部论著。如林金水主编：《台湾基督教史》（九州出版社，2003年）、东人达的《滇黔川边基督教传播研究》（人民出版社，2004年）、《昆明基督教史》（云南大学出版社，2005年）、秦和平：《基督宗教在四川传播史稿》（四川人民出版社，2006年）、王雪：《基督教与陕西》（中国社会科学出版社，2009年）、肖耀辉，刘鼎寅：《云南基督教史》（云南大学出版社，2007年）、谭厚锋等著：《贵州基督教史》（中央民族大学出版社，2017年）、木拉提．黑尼亚提：《传教士与近代新疆社会》（《世界宗教研究》2005年第1期）、刘继华的《晚清时期宁夏基督教传播史考述》（《北方民族大学学报》2014年第2期）、颜晓华：《广西基督宗教历史与现状研究》（社会科学文献出版社，2014年）等论著，不断拓宽基督教史区域研究领域，多层次、多角度扩展了基督新教在华传教史的内容。2005年10月，四川大学还主办了"中国基督教区域史研究国际学术研讨会"，会议论文涉及到华南、华西、云南、福建、陕西等多地基督教的活动。[5]但是，区域基督教史的研究，在理清教会活动基础上，还应结合各自区域的特殊环境，注意突出不同区域的传教特色。

自1807年马礼逊来华后，陆续来华的基督新教传教士达千余名之多，而国内学者则对其中的马礼逊、李佳白、卜舫济、伯驾、丁韪良、司徒雷登、柏格理、贝德士等著名传教士进行了个案研究。相关代表论著有汪晓勤：《中西科学交流的功臣：伟烈亚力》（科学出版社，2000年）、谭树林：《马礼逊与中

5　参见陈建明、刘家峰主编：《中国基督教区域史研究》，巴蜀书社，2008年。

西文化交流》（中国美术学院出版社，2004 年）及《美国传教士伯驾在华活动研究》（群言出版社，2010 年）、胡素萍：《李佳白与清末民初的中国社会》（中山大学出版社，2009 年）、石建国的《卜舫济传记》（社会科学文献出版社，2011 年）、高晞：《德贞传：一个英国传教士与晚清医学近代化》（复旦大学出版社，2009 年）、王文兵：《丁韪良与中国》（外语教学与研究出版社，2008 年）、阿信的《用生命爱中国：柏格理传》（河南教育出版社，2009 年）、林立强：《晚清闽都文化之西传：以传教士汉学家卢公明为个案》（海洋出版社，2010 年）、章开沅：《贝德士文献研究》（广西师范大学出版社，2011 年）、沈迦：《寻找苏慧廉》（新星出版社，2013 年）、何菊：《传教士与近代中国社会变革：李提摩太在华宗教与社会实践研究（1870-1916）》（中国社会科学出版社，2014 年）、蔡德贵：《西来巨儒李佳白的中国心》（人民出版社，2018 年）及刘伟：《马礼逊对华传播活动研究》（社会科学文献出版社，2021 年）等书。此外，齐小新的《口述历史分析：中国近代史上的美国传教士》（北京大学出版社，2003 年），在对一批美国传教士留下的口述历史资源进行调查研究的基础上，就其中所反映的特定历史时期中国与美国历史，中美关系史，进行了分析探讨。

尤其是学界对曾出任美国驻华大使，又是燕京大学创始人的美国传教士司徒雷登关注颇多，先后有林孟熹：《司徒雷登与中国政局》（新华出版社，2001 年）、郝平：《无奈的结局：司徒雷登与中国》（北京大学出版社，2002 年，2011 年再版）、李跃森：《司徒雷登传》（中国广播电视出版社，2004 年）、罗义贤：《司徒雷登与燕京大学》（贵州人民出版社，2005 年）与《司徒雷登与美国对华政策》（中国文史出版社，2008 年）、沈建中：《走近司徒雷登》（山东画报出版社，2009 年）等多部著作出版，但多是关注其政治活动。

还有学者还从区域角度研究传教士活动，如雷雨田主编的《近代来粤传教士评传》（百家出版社，2004 年），则是对马礼逊、伯驾等近代广东的传教士进行了简要传纪介绍；吴巍巍的《西方传教士与晚清福建社会文化》（海洋出版社，2011 年）与俞强的《近代沪港双城记：早期伦敦会来华传教士在沪港活动初探》（宗教文化出版社，2008 年），则是关注了福建传教士与沪港两地传教士的活动。来华著名传教士在西学东渐及对中国研究上的探索，此时期也受到学者普遍关注。如有王扬宗的《傅兰雅与近代中国的科学启蒙》（科学出版社，2000 年）、孙立新的《评德国新教传教士花之安的中国研究》（《史学月刊》2003 年第 2 期）、段琦的《丁韪良与西学东渐》（《世界宗教研究》2006 年第 1

期）、卢明玉的《译与异：林乐知译述与西学传播》（首都经济贸易大学出版社，2010 年）、孔陈焱的《卫三畏与美国汉学研究》（上海辞书出版社，2010 年）、张施娟的《裨治文与早期中美文化交流》（浙江大学出版社，2010 年）及张涌的《李提摩太西学著译研究》（南京大学出版社，2018 年）等论著。

近代来华的新教差会达数十个之多，涉及英、美、加、瑞、德等多个国家，部分学者还开始从来华差会等教会团体个案研究教会在华活动。如赵厚勰的《雅礼与中国：雅礼会在华教育事业研究（1906-1951）》（山东教育出版社，2008 年）、肖会平的《合作与共进：基督教高等教育合作组织对华活动研究》（山东教育出版社，2009 年）、颜小华：《相遇、对话与调适：美国长老会在华南的活动研究（1837-1899）》（兰州大学出版社，2009 年）、吴宁的《没有终点的到达：美南浸信会在华南地区的传教活动》（宗教文化出版社，2013 年）、申小虎：《怒江傈僳族内地会研究》（光明日报出版社，2014 年）、马光霞：《中西并重：监理会在华事业研究（1848-1939）》（基督教文艺出版社，2016 年）、左芙蓉：《华北地区的圣公会》（宗教文化出版社，2017 年）、苏德华：《加拿大差会在四川的传教活动（1892-1952）》（宗教文化出版社，2021 年）、陈静：《改变与认同：瑞华浸信会与山东地方社会》（花木兰文化事业有限公司，2022 年）及胡卫清：《近代中国教会的自立：以潮惠长老会为个案（1881-1949）》（宗教文化出版社，2023 年）等著作，都是对差会或教会团体个案活动的研究著作，但类似的差会个案在华活动仍有较大研究空间。

特别是对基督教男女青年会的研究在此时期成为学者关注热点，有多部论著问世。如罗世龙主编：《天津中华基督教青年会与近代天津文明》（天津人民出版社，2005 年）、左芙蓉的《社会福音．社会服务与社会改造：北京基督教青年会历史研究（1906-1949)》（宗教文化出版社，2005 年）、赵晓阳：《基督教青年会在中国：本土和现代的探索》（社会科学文献出版社，2008 年）、王晓蕾：《全球地域化视域下的天津青年会研究（1895-1949）》（中国社会科学出版社，2016 年）、侯杰、王文兵：《基督宗教与近代中国的社会和谐——以中华基督教青年会为例》（《史林》2007 年第 4 期）、金兵的《基督教青年会与民国时期的职业指导》（《世界宗教研究》2010 年第 4 期）及王小蕾：《全球地域化视域下的天津青年会研究（1895-1949）》（中国社会科学出版社，2016 年）等。但由于男女青年会活动波及全国，除了京津两地研究较多外，其余地区的个案考察仍有待加强。

对于基督教在华创办的 13 所教会大学,也有学者从个案角度进行了考察,如王立诚著:《美国文化渗透与近代中国教育:沪江大学的历史》(复旦大学出版社,2001 年)、朱峰:《基督教与近代中国女子高等教育:金陵女大与华南女大比较研究》(福建教育出版社,2011 年)、张宪文主编:《金陵大学史》(南京大学出版社,2002 年)、张连红主编:《金陵女子大学校史》(江苏人民出版社,2005 年)、徐海宁:《中国近代教会女子大学办学研究:以金陵女子大学为个案》(南京师范大学出版社,2008 年)、熊月之,周武主编:《圣约翰大学史》(上海人民出版社,2007 年)与徐以骅主编的《上海圣约翰大学(1879-1952)》(上海人民出版社,2009 年)、陈国钦,袁征:《瞬逝的辉煌:岭南大学六十四年》(广东人民出版社,2008 年)、王国平:《东吴大学简史》(苏州大学出版社,2009 年)、齐鲁大学校友会编:《齐鲁大学八十八年(1864-1952)》(现代教育出版社、2010 年)、张丽萍:《中西合冶:华西协合大学》(巴蜀书社,2013 年)、章博:《近代中国社会变迁与基督教大学的发展:以华中大学为中心的研究》(华中师范大学出版社,2013 年)、陈远:《燕京大学:1919-1952》(浙江人民出版社,2013 年)及徐保安:《教会大学与民族主义:以齐鲁大学学生群体为中心》(南京大学出版社,2015 年)等[6]。上述著作开始利用原始档案、中英文史料系统考察具体教会大学的个案的办学历史,既有宏观论述,又有细节考证,利于深化对教会大学的研究。

除了传教士、差会个案研究外,此时期学界还开始重视对著名中国基督徒的个案研究,涉及吴贻芳、张雪岩、诚静怡、赵紫宸、吴雷川、宋尚节、张雪岩等人。相关代表论著有程斯辉,孙海英:《厚生务实、巾帼楷模:金陵女子大学校长吴贻芳》(山东教育出版社,2004 年)、刘家峰:《从差会到教会:诚静怡基督教本色化思想解析》(《世界宗教研究》2006 年第 2 期)、《从助手到领袖:1910 年代的中国基督徒——以诚静怡为中心的考察》(《社会科学研究》2007 年 1 期)、唐晓峰:《赵紫宸神学思想研究》(宗教文化出版社,2006 年,2018 年修订版)、李韦:《吴雷川的基督教处境化思想研究》(宗教文化出版社,2010 年)、宋天真编:《失而复得的日记:宋尚节日记摘抄》(团结出版社,2011 年)、陈建明、王京强:《张雪岩传》(学苑出版社,2012 年)及范大明:《民国

---

6 此外,河北教育出版社还在 2004 年推出了一套"教会大学在中国"的丛书,涉及金陵女子大学、东吴大学、福建协和大学、华西协和大学、福建协和大学及圣约翰大学 6 所基督新教大学。

基督徒张亦镜思想研究》（宗教文化出版社，2019 年）等。李炽昌主编：《文本实践与身份辨识：中国基督徒知识分子的中文著述：1583-1949》（上海古籍出版社，2005 年）及赵士林、段琦主编：《基督教在中国：处境化的智慧》（宗教文化出版社，2009 年），则探讨了吴雷川、赵紫宸、谢扶雅、吴耀宗、王治心、韦卓民等人的神学思想。罗元旭：《东成西就：七个华人基督教家族与中西交流百年》（三联书店，2013 年），则是介绍了黄光彩、颜永京、王有光等七位华人牧师家族的故事。当然对于数量庞大的近代华人基督徒群体而言，上述研究仅涉及少数精英基督徒，仍有极大的研究空间，但也面临史料不足的困难。

（四）基督教研究领域的拓宽

新世纪以来的基督教研究，在既有教案史、教会大学史研究及部分区域基督教史基础上，开始关注教会中学、医疗、慈善、文字、教会本色化等教会活动的诸多方面，并且采用了多学科的知识方法，重视微观实证研究，极大拓宽了基督教史的研究领域。

在 1980 年兴起的教会大学史研究，此时期仍受到学者关注。除了上文提及的教会大学个案研究外，刘家峰、刘天路：《抗日战争时期的中国基督教大学》（福建教育出版社，2003 年）与岱峻：《风过华西坝：战时教会五大学纪》（江苏文艺出版社，2013 年），专门探讨了抗战时期教会大学受到的影响与应对；孙崇文的《学生生活图景：世俗内外的教育冲突》（教育科学出版社，2008 年）专门考察了教会学校内的学生生活情境；孙秀玲的《近代中国基督教大学社会服务研究》（山东人民出版社，2013 年）则关注了教会大学在乡村建设、平民教育等社会服务的贡献；孟雪梅的《近代中国教会大学图书馆研究》（国家图书馆出版社，2009 年）与董黎的《中国近代教会大学建筑史研究》（科学出版社，2010 年），则分别系统考察了近代中国 13 所基督新教大学图书馆与学校建筑的历史；虞宁宁：《中国近代教会大学招生考试研究》（华中师范大学出版社，2016 年）、谢竹艳：《中国近代基督教大学外籍校长办学活动研究：1892-1947》（福建教育出版社，2015 年）、靳培培：《中国近代教会大学学生学业评价研究》（九州出版社，2020 年）及杨习超：《冲突与交融：民国时期教会大学华人校长角色研究》（中国社会科学出版社，2021 年），则对教会大学的招生考试、学生学业评价、外籍校长、华人校长的办学活动进行了研究。裴宜理主编：《异同之间：中国近代教会大学个案研究》（浙江人民出版社，2019 年）、章开沅等主编：《回顾与展望：中国教会大学史研究三十年》（宗教文化出版社，

2022 年），则是两次教会大学研究会议的论文结集。对于哪所大学为中国第一所现代大学，学界历来争论颇多，而郭大松教授则用详实的资料论证了山东登州文会馆为中国第一所现代大学，并出版《中国第一所现代大学：登州文会馆》（山东人民出版社，2012 年），其还在《晚清第一所现代大学登州文会馆若干史事考辨》（《史学月刊》2013 年第 9 期），通过解读中西史料，考证了文会馆名称、主管称谓及成为大学时间、创办原因等诸多史实，纠正了当前某些研究的错误。

在近代基督教教育研究方面，此时期还有数部著作出版，如胡卫清的《普遍主义的挑战：近代中国基督教教育研究》、黄新宪的《基督教育与中国社会变迁》（福建教育出版社，2000 年）及王忠欣：《基督教与中国近现代教育》（湖北教育出版社，2000 年）等书，从宏观上论述了近代基督教教育的基本情况及其对近代中国社会变迁的影响。夏泉：《明清基督教教会教育与粤港澳社会》（广东人民出版社，2007 年）、杨思信，郭淑兰：《教育与国权：1920 年代中国收回教育权运动研究》（光明日报出版社，2010 年）、周东华：《民国浙江基督教教育研究》（中国社会科学出版社，2011 年）、陈明霞：《近代福建教会学校教育研究》（人民出版社，2012 年）、张永广：《近代中日基督教教育比较研究》（上海社会科学院出版社，2012 年）、郭卫东：《中国近代特殊教育研究》（高等教育出版社，2012 年）、李剑：《晚清洋务运动时期传教士活动研究：以洋务教育为中心》（新华出版社，2015 年）、张龙平：《国家、教育与宗教：基督教教育会与近代中国》（中国社会科学出版社，2015 年）及李灵、肖清和主编：《基督教与近代中国教育》（上海译文出版社，2018 年）等，从地区、团体、专题等从不同方面深化了基督教育史的研究。

除教会的教育事业外，学界此时期开始重视教会的医疗，社会服务，乡村建设等诸多活动，极大拓宽了基督教史的研究领域。如在教会医疗事业方面，学界研究较多，比较代表性的论著有何小莲：《西医东渐与文化调适》（上海古籍出版社，2006 年）、李传斌：《条约特权制度下的医疗事业：基督教在华医疗事业研究》（湖南人民出版社，2010 年）、邓杰：《医疗与布道：中华基督教会在川康边地的医疗服务研究》（中国社会科学出版社，2011 年）、胡成：《何以心系中国：基督教医疗传教士与地方社会》（《近代史研究》，2010 年第 4 期）、杜志章：《近代中国社会变迁：教会医学与中国医学早期现代化》（华中科技大学出版社，2018 年）、邵金远：《近代豫北医学传教史研究》（科学出版社，2020

年）等论著；刘家峰则专门关注了教会乡村建设，其所著《中国基督教乡村建设运动研究》（天津人民出版社，2008 年）即全面考察了教会的乡村建设各种实践；蓝希峰：《民国时期基督教社会服务研究 以江西基督教农村服务联合会黎川实验区为个案》（宗教文化出版社，2015 年），则是专门研究了基督教在江西黎川实验区的服务。还有学者关注教会的慈善救济、社会服务及实业活动等事业，如杨天宏的《战争与社会转型中的中国基督教会：中华基督教会全国总会边疆服务研究》（《近代史研究》2006 年第 6 期）及其著作《救赎与自救——中华基督教会边疆服务研究》（三联书店，2010 年）、蔡勤禹：《传教士与华洋义赈会》（《历史档案》2006 年第 3 期）、林立强：《来华基督教新教传教士实业活动初探》（《世界宗教研究》2009 年第 4 期）、尚季芳：《传教士与民国甘宁青社会赈灾研究》（《宗教学研究》2010 年第 3 期）、赵晓阳：《抗战时期中国基督教青年会军人服务部研究》（《抗日战争研究》，2011 年第 2 期）、胡卫清的《取舍之间：英国长老会在华慈善救济事业研究》（《近代史研究》2014 年 1 期）及左芙蓉的《基督宗教与近现代中国社会工作》（民族出版社，2016 年）等论著。

相对于教会的社会事业，学者对来华的教会本职工作——传教布道活动研究较少，杨天宏的《中华基督教会在川、康边地的宗教活动》（《历史研究》2010 年第 3 期）、张德明的《挫折与复兴：民国基督教五年运动布道事业初探》（《民国档案》2012 年第 3 期）与《福音东传：英国浸礼会在华布道事业论略》（《宗教学研究》2013 年第 1 期）则都关注了部分基督教会的布道活动。赵建玲的《基督教"山东复兴"运动研究》（花木兰文化事业有限公司，2021 年）与张德明《基督教五年运动与民国社会》（花木兰文化事业有限公司，2023 年）则分别考察了民国时期的"山东复兴"运动与 1930 年代的基督教五年奋进布道运动。此外，宗教文化出版社 2018-2019 年出版了侯杰主编：《基督教与中国社会文化》第 1、2 辑，为相关研究论文的结集。

来华传教士与近代中西文化交流继续受到学者关注，有学者从教育、医疗、文化等多方面宏观考察了传教士在中西文化传播上的贡献，如章开沅的《传播与根植：基督教与中西文化交流论集》（广东人民出版社，2005 年）、郭卫东的《基督教新教传教士与中国盲文体系的演进》（《近代史研究》2006 年第 2 期）、段怀清的《传教士与晚清口岸文人》（广东人民出版社，2007 年）、叶隽的《主体的迁变：从德国传教士到留德学人群》（上海外语教育出版社，

2008 年)、陶飞亚的《传教士中医观的变迁》(《历史研究》2010 年第 5 期)、周岩厦编著:《国门洞开前后西学传播之路径探索》(浙江大学出版社,2011 年)、尚智丛:《传教士与西学东渐》(山西教育出版社,2012 年)、周德波等:《晚清寓华传教士的跨文化传播》(辽宁教育出版社,2013 年)、谭树林:《传教士与中西文化交流》(三联书店,2013 年)、马敏:《基督教与中西文化融合》(华中师范大学出版社,2013 年)及张先清:《跨文化接触:基督教与近代中西对话》(中国社会科学出版社,2016 年)等论著。此外,齐诚、马楠:《外国传教士与中国近代图书馆事业》(光明日报出版社,2017 年)专门研究了近代来华传教士在图书馆事业方面的活动。

对于传教士对中国文化、语言的关注,学界也从小说、教材、报刊等视角进行研究。如宋莉华:《传教士汉文小说研究》(上海古籍出版社 2010 年)、胡瑞琴:《晚清传教士与儒家经典研究》(齐鲁书社,2012 年)、王立新:《美国传教士对中国文化态度的演变》(《历史研究》2012 年第 2 期)、严延安:《传教士中文报刊译述中的汉语变迁及影响》(上海交通大学出版社,2013 年)、邹芙都,樊森:《西方传教士与中国甲骨学》(科学出版社,2015 年)及王澧华,吴颖主编:《近代来华传教士汉语教材研究》(广西师范大学出版社,2016 年)等论著,都从多方面有深入研究。

传教士与中国近代地方方言问题,也受到学界关注,如有:游汝杰:《西洋传教士汉语方言著作书目考述》(黑龙江教育出版社,2002 年,2021 年增订版)、陈泽平:《19 世纪以来的福州方言:传教士福州土白文献之语言学研究》(福建人民出版社,2010 年)、钱乃荣:《西方传教士上海方言著作研究》(上海大学出版社,2014 年)、阮咏梅:《从西洋传教士文献看台州方言百余年来的演变》(中国社会科学出版社,2019 年),马重奇、马睿颖编著:《近代传教士所撰两岸闽南方言文献集成及其研究》全 13 册(福建人民出版社,2020 年)等书。上海大学出版社 2022 年则推出了"19 世纪西方传教士编汉语方言词典"丛书,收录了西蜀、宁波、客家等多部方言词典。

近代来华传教士对中国宗教问题有深入研究,还有学者关注传教士与中国宗教关系。如李新德:《晚清新教传教士的中国佛教观》(《宗教学研究》2007 年第 1 期)、刘家峰:《晚清来华传教士与穆斯林的相遇与对话》(《世界宗教研究》2009 年 1 期)、龚道运:《近世基督教和儒教的接触》(上海人民出版社,2009 年)、刘家峰:《近代中国基督教与伊斯兰教互动关系的研究回顾与前瞻》

（《世界宗教文化》2011 年第 3 期）、陈怀宇：《近代传教士论中国宗教：以慕维廉〈五教通考〉为中心》（上海人民出版社，2012 年）、王鹰：《试析艾香德的耶佛对话观：基督教与佛教的相遇和互动》（宗教文化出版社，2015 年）、周晓微：《现代性和中国佛耶关系：1911-1949》（巴蜀书社，2016 年）等著作，对近代基督教与佛教、儒教、伊斯兰教等宗教的互动有所考察。杨剑龙的《"五四"新文化运动与基督教文化思潮》（上海人民出版社，2002 年）则重点考察了新文化运动与基督教的互动关系。

此时期，还有学者开始关注基督教在苗族、蒙古族、回族、朝鲜族等少数民族的传播历史，如韩学军：《基督教与云南少数民族》（云南人民出版社，2000 年）、王芳恒的《论客家族群与近代基督教的互动关系》（《广西民族研究》2001 年第 4 期）、徐永志：《融溶与冲突：清末民国间边疆少数民族与基督宗教研究》（民族出版社，2003 年）、秦和平：《基督宗教在西南民族地区的传播史》（四川民族出版社，2003 年）、徐炳三：《从〈教务杂志〉看近代西方传教士对中国穆斯林的传教活动》（《贵州民族研究》2006 年第 3 期）、宝贵贞，宋长宏：《蒙古民族基督宗教史》（宗教文化出版社，2008 年）、张坦：《"窄门"前的石门坎：基督教文化与川滇黔边苗族社会》（贵州大学出版社，2009 年）及黄有福：《东北朝鲜族地区基督教传播史》（中央民族大学出版社，2014 年）、洪云：《基督教在近代贵州少数民族地区的传播及影响研究》（贵州大学出版社，2015 年）、马林英：《基督教在凉山彝区传播的历程及背景》（宗教文化出版社，2019 年）及冯建勇：《"本土"关怀与"他者"眼光：民国时期边地外国教会的多元叙事》（《宗教学研究》，2020 年第 4 期）等论著。以上论著，开始结合宗教学、民族学及历史人类学等多学科知识，考察来华基督教在边疆少数民族传播的研究。

传教士在近代出版有大量中英文报刊，诸如《教会新报》、《万国公报》、《教务杂志》等也受到学者关注。特别是在《万国公报》方面，杨代春的《〈万国公报〉与晚清中西文化交流》（湖南人民出版社，2002 年）及王林的《西学与变法：〈万国公报〉研究》（齐鲁书社，2004 年）是这方面的代表作，李天纲则编校有《万国公报文选》（中西书局，2012 年）。姚兴富则著有《耶儒对话与融合：教会新报（1868-1874）研究》（宗教文化出版社，2005 年），专门研究了传教士在华早期报纸《教会新报》；赵晓兰、吴潮：《传教士中文报刊史》（复旦大学出版社，2011 年），系统梳理了传教士在华的中文报刊，对其演变及内容进行了介绍；胡国祥：《近代传教士出版研究》（华中师范大学出版社，2013年），则对近代传教士出版机构和出版物作了较为系统的梳理。高俊聪：《鸦片战争后传教士中文报刊与中英关系的传媒镜像》（安徽大学出版社，2022年）则以鸦片战争后传教士所办中文报刊《遐迩贯珍》《六合丛谈》中的中英新闻为研究对象来观察中英关系。四川大学陈建明教授长期致力于基督教在华文字事业研究，其出版的《激扬文字广传福音：基督教在华文字事工》（广西师范大学出版社，2012年）、《近代基督教在华西地区文字事工研究》（巴蜀书社，2013年），即梳理了基督教出版书刊的情况。在传教士所办的英文期刊《教务杂志》方面，上海大学陶飞亚教授不但将对该杂志研究成功申报了国家社科基金，该校师生也围绕此杂志发表了大量文章。薛维华则专门出版了《边缘风景：汉学期刊研究视域中的〈教务杂志〉》（中国社会科学出版社，2021年）。

近代来华传教士在翻译工作上贡献颇大，也有学者关注。如高黎平的《美国传教士与晚清翻译》（百花文艺出版社，2006年）及《传教士翻译与晚清文化社会现代性》（重庆大学出版社，2014年）、何绍斌：《越界与想象：晚清新教传教士译介史论》（三联书店，2008年）、岳峰：《在世俗与宗教之间走钢丝：析近代传教士对儒家经典的翻译与诠释》（厦门大学出版社，2014年）、宋莉华：《近代来华传教士与儿童文学的译介》（上海古籍出版社，2015年）、邓联健：《委曲求传：早期来华新教传教士汉英翻译史论（1807-1850）》（清华大学出版社，2015年）、罗文军：《晚清民初新教传教士西诗译介研究》（中国社会科学出版社，2016年）、范延妮：《近代传教士中医译介活动及影响研究》（苏州大学出版社，2017年）、张大英：《德国来青传教士卫礼贤与中国典籍译介》（中国海洋大学出版社，2018年）及白靖宇：《翻译与中国近代科学启蒙：传教士科技翻译研究（1582-1911年）》（科学出版社，2021年）等论著，从不同方面分析了传教士的在华翻译工作。还有学者专门研究了传教士在近代的《圣经》翻译问题，如有赵晓阳的专著《域外资源与晚清语言运动：以〈圣经〉中译本为中心》（北京师范大学出版社，2018年）、吴义雄：《译名之争与早期的〈圣经〉中译》（《近代史研究》2000年第2期）、赵晓阳：《二马圣经译本与白日升圣经译本关系考辨》（《近代史研究》2009年第4期）与《译介再生中的本土文化和异域宗教：以天主、上帝的汉语译名为视角》（《近代史研究》2010年第5期）等论著。

在之前关注较多的教案史研究方面，学界也有新探索。如苏萍的《谣言与近代教案》（上海远东出版社，2001 年），则独辟蹊径，从心理学视角出发，通过谣言的传播考察了近代教案的产生发展的过程；赵树好的《教案与晚清社会》（中国文联出版社，2001 年）则分析了晚清来华基督教会及其对传统社会的挑战、社会问题与教案、教案与社会变迁、中外双方对教案德回应、教案起因、性质、地位及作用等问题；赵树好还出版了《晚清教案交涉研究》（人民出版社，2013 年）与《晚清教案与社会变迁研究》（人民出版社，2015 年），运用多种史料着重考察了晚清教案交涉及教案与社会变迁的关系；刘元的《晚清湖北教案研究（1860-1911）》（人民出版社，2014 年），则从区域社会史的角度，考察晚清湖北教案的发生、发展，探讨教会势力的进入对原有社会结构的冲击以及官绅民在此过程中的应对与变化。杨雄威的《杯酒之间：清末南昌教案研究》（社会科学文献出版社，2018 年）则对 1906 年的南昌教案的过程及中外交涉进行了深度考证与诠释。而在民国时期的反教事件方面，杨天宏的《北伐期间反教暴力事件及其责任问题》（《历史研究》2004 年 1 期），则关注了北伐时期的反教事件。在非基督教运动方面，杨天宏的《基督教与民国知识分子：1922-1927 年中国非基督教运动研究》（人民出版社，2005 年再版）为此领域研究的代表作；唐晓峰，王帅编：《民国时期非基督教运动重要文献汇编》（社会科学文献出版社，2015 年），则是整理了民国报刊中有关非基督教运动的文章资料。另有多篇文章涉及了非基督教运动问题，如田海林等：《早期中国共产党与"非基督教运动"》（《中共党史研究》2002 年第 4 期）、陶飞亚：《共产国际代表与中国非基督教运动》（《近代史研究》2003 年第 5 期）、杨天宏：《世界基督教学生同盟第十一届大会与中国反教运动关系辨析》（《历史研究》2006 年第 4 期）及马建标：《国际竞争的中国回响：1920 年代的非基督教运动再探》（《社会科学研究》2023 年第 4 期）等文章，都从不同角度关注了此次运动。

在近代政教关系方面，杨大春的《晚清政府基督教政策初探》（金城出版社，2004 年），则专门探讨了晚清政府对基督教政策的演变及对基督教影响；李传斌的《基督教与近代中国不平等条约》（湖南人民出版社，2011 年），则探讨来华基督教与不平等条约的复杂关系，及传教士对条约的态度。陶飞亚、李强：《晚清国家基督教治理中的官教关系》（《中国社会科学》2016 年第 3 期），则对晚清时期基督教与政府关系的演变进行了分析。杨卫华：《南京国民政府基督教团体立案政策与实践》(《宗教学研究》2021 年第 3 期》专门探讨了基督教团体的立案问题。还有学者关注了袁世凯、蒋介石、孙中山等近代著名政治人物与传教士、基督徒的关系，如有张德明：《袁世凯与近代来华基督教》(《史学月刊》，2013 年第 8 期)与《世俗与宗教之间：蒋介石与来华传教士（1927-1941)》(《社会科学辑刊》2013 年第 5 期)、陈才俊：《1911 年后美国传教士对孙中山之态度》(《世界宗教研究》2013 年第 3 期)、杨卫华：《蒋介石基督徒身份的建构与民国基督徒的政治认同》(《四川大学学报》2015 年第 3 期)及《孙中山政治形象的建构：西方传教士与中国基督徒比较》(《史林》2020 年第 3 期)等文章。

日本侵华期间中国基督教的情况也得到学者关注。如徐炳三的专著《扭曲的十字架：伪满洲国基督教研究》(科学出版社，2018 年)，及其《伪满体制下宗教团体的处境与应对：以基督新教为例》(《抗日战争研究》2011 年第 2 期)、《太平洋战争爆发后伪满对基督教会的控制》(《史学集刊》2013 第 6 期)等文章，专门关注伪满洲国时期的基督教情况。王淼：《卢沟桥事变后中外基督教会舆论》(《历史教学问题》2015 年第 2 期)、张德明：《国难下的基督教与民族主义：1931-1937 年华北基督教会抗日救亡运动论析》(《抗日战争研究》2016 年第 1 期)、徐炳三：《全面抗战时期反战传教士的和平方案及对日主张》(《澳门理工学报》2023 年第 2 期)等文章则是探讨了抗战时期的基督教应对。此外，陈铃：《落幕：美国新教在华传教事业的终结（1945-1952)》(花木兰文化事业有限公司，2023 年)则是专门研究了解放战争时期及新中国成立初期的美国在华基督教活动。

受西方学界"中国中心论"影响，此时期基督教史研究也开始重视本土教会及中国基督徒的研究。如陶飞亚的《耶稣家庭与中国的基督教乌托邦》(《历史研究》2002 年第 1 期)及《中国基督教乌托邦研究：以民国时期的耶稣家庭为例》(人民出版社，2012 年)，即是专门研究中国本土教会——耶稣家庭的兴衰历程。来华教会本色化问题也受到学者关注，如张昭君的《民国时期基督教仪礼中国化改革的尝试》(《民俗研究》2001 年第 4 期)、吴义雄：《自立与本色化——19 世纪末 20 世纪初基督教对华传教战略之转变》(《中山大学学报》2004 年 6 期)及《中华基督教协会广东协会与本色教会运动》(《世界宗教研究》2002 年第 2 期)、刘家峰的《近代中国基督教运动中的差会与教会关系概论》(《宗教学研究》2006 年第 3 期)、赵晓阳、郭荣刚编：《近现代基督教的中国化》（中国社会科学出版社，2015 年）及陶飞亚等：《第一次世界大战与在华新教运动的权势转移》（《世界宗教研究》2021 年第 4 期）等论著专门探讨了此问题；而段琦的《奋进的历程：中国基督教的本色化》（商务印书馆，2004 年，2017 年再版），则是考察基督教在中国的本土化历程的探索，考察其如何融入中国社会的努力。在基督教全国两会出版的《传教运动与中国教会》（宗教文化出版社，2007 年）与赵晓阳、郭荣刚主编的《近现代基督教的中国化》（中国社会科学出版社，2015 年）中，也有多篇文章探讨了中国教会的本色化问题。

此时期，华人基督徒群体的研究也颇为兴盛。如胡卫清的《苦难与信仰：近代潮汕基督徒的宗教经验》（三联书店，2013 年），从多方面细致研究近代潮汕基督徒的个体宗教经验，对教会进入中国后的发展、本土化策略以及实施中的曲折进行了详细研究；蔡香玉的《坚忍与守望：近代韩江下游的福音姿娘》（三联书店，2014 年）则细致描述潮汕地区新教与天主教妇女的生活经历，展示了她们为自己创造经济、社会和宗教空间的自主能力。边茜：《近代中国江南基督宗教文人研究（1868-1919）》（社会科学文献出版社，2021 年）则分析了清末民初江南基督宗教文人在文学领域的活动。此外，杨卫华还探讨了民国基督徒群体对苏联及资本主义的态度，视角颇为新颖。[7]

在中国基督教通史方面，自民国时期即有多名学者撰写[8]，而在新时期的相关著作相对较少。如姚民权，罗伟虹著：《中国基督教简史》（宗教文化出版社，2000 年），郭卫东的《中土基督》（云南人民出版社，2001 年）、罗伟虹主编：《中国基督教（新教）史》（上海世纪出版集团，2014 年），姚伟钧、胡俊修主编：《基督教与 20 世纪中国社会》（广西师范大学出版社，2014 年）及吴小新编：《远方叙事——中国基督宗教研究的视角方法与趋势》（广西师范大学出版社年，2014 年）及陶飞亚：《中国近现代史与基督教》（《济南大学学报》2018 年第 5 期）等，都是宏观研究叙述基督教在华活动的成果，但类似成果多是重视西方教会在华传播历史，忽视了本土教会在中国的历史。黄光域：《基

---

7 参见杨卫华：《另一种"以俄为师"：民国基督徒苏俄观的转变（1918-1937）》，《中共党史研究》2013 年第 5 期；《资本主义是中国的出路吗：民国基督徒的资本主义想象》，《东岳论丛》2013 年 11 期；《新生活运动与民国基督徒的新国家想象》，《四川大学学报》2020 年第 5 期。

8 相关介绍，可参考陈建明：《中国基督教通史编撰述评》，载《四川大学学报》2005 年第 2 期。

督教传行中国纪年（1807-1949）》（广西师范大学出版社，2017 年）则是系统梳理了 1807-1949 年基督教在华活动的大事，为一部不错的研究工具书。

值的一提的是，赵晓阳的《当代中国基督宗教史研究》（中国社会科学出版社，2016 年）则从学术史的角度，对 1949 年以来大陆学界的基督宗教史研究情况进行了综述回顾。王德硕的《北美的中国基督教史研究述论》（上海人民出版社，2016 年），则是系统回顾了北美学界的中国基督教史研究状况。同时，部分在 1990 年代出版的近代中国基督教史作品也在此时期得以再版，如顾长声的《传教士与近代中国》（2004 年）与《从马礼逊到司徒雷登》（2005 年）、董丛林的《龙与上帝：基督教与中国传统文化》（2007 年）、王立新的《美国传教士与晚清中国现代化》（2008 年）、顾卫民的《基督教与近代中国社会》（2010 年）及熊月之的《西学东渐与晚清社会》（2011 年）等，也从中可以看出基督教史研究受到学界重视。

为纪念马礼逊来华 200 周年，台湾宇宙光出版社 2006 年还策划了一系列中国基督教史著作，其中收录了大陆地区徐以骅、胡卫清、陶飞亚、刘家峰、吴义雄、陈建明、林金水等学者的论文集[9]，部分论文集还由广西师范大学出版社在国内出版简体版。此外，卓新平、雷立柏编的《中国基督宗教史辞典》（宗教文化出版社，2013 年）则是了解有关 1949 年前中国基督宗教历史的工具书。

由上可见，新世纪以来，近代中国基督教史的研究范式及学科方法日趋多元，出现了一批高质量的学术论著，有关基督教史的资料及传教士的翻译作品大量出版。学界在研究领域上也不断拓宽，在加强区域、个案史研究基础上，还涉及到了教会教育、医疗慈善及文字事业等基督教在华活动的方方面面。当然，国内的基督教史研究还应加强对外文原始资料的利用，充分借鉴学习西方研究成果，重视对基督教的本职布道事业及中国本土教会的研究。

---

9 具体书名为：徐以骅：《中国基督教神学教育史论》、陶飞亚：《冲突的解释：基督教与近代中国政治》、陈建明：《激扬文字广传福音 近代基督教在华文字事工》、吴义雄：《开端与进展 华南近代基督教史论集》、刘家峰：《福音与犁：在华农业传教之研究》；胡卫清：《从教育到福音》；林金水：《福建基督教史初探》等。

目
次

上篇 基督教与近代中国政治

　　近代基督教在华传播过程中，由于其与西方国家千丝万缕的关系，不可避免的卷入到近代中国政治、外交过程中，而且发挥了特殊的影响。袁世凯、蒋介石等政治人物不仅与基督教交往密切，而且在对基督教管理过程中保持了保护、限制与利用相结合的政策，对于涉及传教士的外交事件采取了审慎的态度，故在他们当政期间，基本形成了相对平稳的政教关系。教会学校的师生还曾借助其特殊的教会学校背景，参与到各种民主爱国运动及学生运动中。本篇主要通过袁世凯、蒋介石、华北基督教、德福兰案、燕京大学等个案，专门讨论基督教与近代中国政治的复杂关系与纠葛。

第一章 宗教与政治之间：袁世凯与近代来华基督教

　　鸦片战争后，西方基督教在传教特权的保护下，遍布华夏大地，传播福音，发展教徒，成为近代中国社会中不可忽视的特殊力量。作为晚清政坛上风云人物的袁世凯，也与来华基督教有密切联系，但学界却关注不多[1]。本章拟结合中西史料，探究袁世凯对晚清教案的处置及其对基督教政策的演变[2]，关注其与传教士的交往，以求对袁世凯与来华基督教的互动关系有深入认识。

第一节　袁世凯与晚清教案处置

　　自基督教在晚清中国传播以来，因中西文化冲突、利益冲突等多方面原因，民教矛盾高涨，导致晚清教案频发，清政府曾要求地方官对传教士予以保护，但仍屡禁不止，多次引起外交交涉乃至战争，成为困扰中央及地方政府的一大问题。而袁世凯在山东巡抚、直隶总督任上，多次处理教案问题，坚持遵守约章，持平办理，同时最大限度维护国家利益，减少损失。

1　学界关于此问题的研究论著有：王神荫：《庚子辛丑年间袁世凯在山东与传教士的勾结》(《山东师范学院学报》1979年第6期)；侯宜杰：《义和团运动中的袁世凯》(徐绪典主编：《义和团运动史研究论丛》，山东大学历史系，1982年)；郭大松：《袁世凯与山东义和团》(《山东师范大学学报》2010年第2期)等成果，但多侧重对袁氏与义和团运动的研究，其与基督教的关系仍缺乏整体的考察，史料方面也待挖掘。

2　本章中的基督教，如无特别说明，特指广义上包含基督新教与天主教的基督教。

1899 年底，因山东巡抚毓贤纵容义和团发展，招致西方国家抗议，清廷被迫任命袁世凯署理山东巡抚。实际早在袁世凯上任山东巡抚前，于同年曾向朝廷上《强敌构衅侵权亟宜防范折》，详细陈述其对时局及山东形势的看法。针对山东民教冲突激烈的现状，袁氏认为原因在于："固有教民之强横，亦由地方官未能持平办理。"[3]他还提出了对教案的防范措施，特别强调讲求约章，认为："内地官吏，大半不谙约章，遇事无所依据，故办事难期允当。"[4]因此他认为应把约章奉为准则，遇事援照妥办，方为上策。袁世凯于 1899 年 12 月 25 日赴济南就任，其上任山东巡抚后的头等大事，即是处理肥城教案。在其履任山东后仅数天，平阴县境发生英国圣公会传教士卜克斯（S. M. Brooks）被当地民众所杀一案，引起英国政府的强烈不满。英国领事仿效之前德国在山东沂州、曹州两地教案的索赔，提出巨额赔款要求。袁世凯为了避免造成更大冲突，迅速处死凶手，将肥城县令免职，并与参加交涉的英国官员据理力争，拒绝其所提无理要求。据其事后所奏："此次给款不及一万两，捐地不过五亩，较前两案，已轻重相悬，若复不肯将该守令等严办，未免视英性命太贱，英廷必不允许。"[5]后袁世凯还发布《劝谕民教告示》及通饬，说明西人传教乃为条约所许，民众不得妄想猜疑，同时又警告教徒勿恃教为非，地方官则要持平处理教案。[6]

晚清山东境内，"教堂林立，教士众多，习教之徒尤遍地皆是"[7]，也导致教案频发。袁世凯认为山东民教冲突的根源在于："实由地方州县各官平时为传教洋人挟制，不能按照约章持平办案……教民专得借官吏之势力肆其欺凌，良民上诉，亦难伸理，积怨成仇，有由然也。"[8]故袁氏在查禁义和团基础上，继续强调遵守约章，要求各地方官遵照条约，慎重办理民教诉讼，不能仇教或畏教，"倘若遇到居民抢焚教堂之事，必须先事预防，按照约章，竭力保护。"[9]而处理民教各案时，则要对民教一视同仁，"不可徒恃兵力，转致民心惶惑。"[10]至于如何

---

3 廖一中、罗真容编：《袁世凯奏议》上册，天津古籍出版社，1983 年，第 32 页。

4 廖一中、罗真容编：《袁世凯奏议》上册，第 32 页。

5 沈祖宪辑：《养寿园奏议辑要》，文海出版社，1967 年，第 95 页。

6 中国第一历史档案馆：《义和团档案史料续编》上册，中华书局，1990 年，第 507 页。

7 国家档案局明清档案馆编：《义和团档案史料》下册，中华书局，1959 年，第 749 页。

8 中国第一历史档案馆、福建师范大学历史系编：《清末教案》第 3 册，中华书局，1998 年，第 887 页。

9 台北中研院近代研究所主编：《教务教案档》第 6 辑（一），中研院近代史研究所，1980 年，第 488 页。

10 沈祖宪辑：《养寿园奏议辑要》，文海出版社，1967 年，第 55 页。

预防教案，他上奏清廷提出了治本与治标两策，可谓对症下药，颇有见地。"所谓治本者何？在于调和民教而已。而调和民教，又在于颁示约章，整顿史治。……所谓治标者何？在于绥靖地方而已。而绥靖地方，又在于清除匪类，化导愚氓。"[11]此建议也深获清廷赞许，但也谕令其不要做纸上空谈，而是"督饬印委各员，随时随地认真办理，以戢人心而消隐患。"[12]

在当时义和团风起云涌的北方各省，虽然清政府早在 1858 年《天津条约》中就规定地方官保护传教、习教之人，并一再晓谕地方官员："尔等须知各教士入内地传教，系奉谕旨允准，呕应共敦缉睦，悉泯猜嫌"[13]，但北方各省巡抚对义和团破坏传教的活动大多默许，也仅有袁世凯与陕西巡抚端方对传教士给予了切实保护。义和团运动期间，山东全省仅有卜克斯一名外人被杀，与直隶、山西的传教士遭到屠杀形成鲜明对比，这与袁世凯的保护密切相关。近代传教士来华后，鉴于民众仇外情绪强烈，打杀传教士现象时有发生，所以传教士多佩戴手枪防身，而在教堂内则有防备的洋枪等武器，这在义和团高发期的山东极其普遍。据代理武城县知县龚敦仁奏称："该县十二里庄等多处教堂闻有快枪百余杆，并有大炮多尊。"[14]袁世凯为此专门上奏清政府，"查洋人在内地，私储军火多件，向为约章所不许"，[15]请求各海关严查军火进口，以避免引起更严重的民教冲突。袁世凯的保护传教士行为，也使得山东避免了外国入侵，获得暂时安定，时两江总督刘坤一与湖广总督张之洞曾专门致电驻上海各领事，请求联军不要出兵山东，理由即是："袁帅睦于西人"[16]。

传教士、教民作为近代史上与基督教密不可分的群体，也是袁世凯在处理教案时所面临的主要对象，但其对两者态度却截然不同。传教士因受治外法权及传教特权庇护，袁世凯在约章规定范围内，对传教士活动给予保护。而对于中国信教教民，袁氏则是按照一般平民对待，反对给予特权。晚清时期，教民

---

11 中国史学会济南分会编：《山东近代史资料选集》，山东人民出版社，1959 年，第 61-62 页。

12 《清实录》德宗景皇帝实录（六）：卷 457，中华书局，1987 年，第 1023 页。

13 《山东惩办拳匪告示》，《万国公报》1900 年 6 月，华文书局股份有限公司 1968 年影印本，第 19381 页。

14 廖一中、罗真容编：《袁世凯奏议》上册，天津古籍出版社，1987 年，第 45 页。

15 廖一中、罗真容编：《袁世凯奏议》上册，第 45 页。

16 《京津拳匪乱事纪要之七》，《万国公报》1900 年 12 月，华文书局股份有限公司 1968 年影印本，第 19800 页。

多依靠教会势力，为非作歹，为导致教案重要原因。针对地方官在处理教案时，"不分曲直，往往抑制良民，希图易结"[17]，袁氏在对地方官的通饬中即称："查平民教民均属一体，为民牧者均得惩治约束。遇有讼件但按律判曲直，原不必分民教为两歧。"[18]可以说，在当时司法主权受到西方列强严重干扰的晚清社会，袁氏此举对遏制教民为非作歹大有成效。但是袁世凯对教民却并无具体保护措施，惨遭义和团拳民的杀戮迫害，教会财产受损严重。关于基督教会在义和团运动中的损失，袁氏起初也是坚持只赔偿外国教会损失，对此将在其与传教士交往一节中详述。而对深受拳民危害的教民，袁氏虽有"教民何辜，遭此浩劫，死者不可胜计"[19]的感慨，但对其损失却只给予抚恤而概不赔偿。1900 年 5 月，袁世凯派员与德国圣言会就赔偿问题进行交涉，认为教民系中国子民，亦无赔理，只赔偿该会损失。同年，法国驻烟台领事又要求袁世凯对法国教会及教民在鲁西北的受损给予赔偿，袁氏则称："若本省西北被难各教民，均系本国人，照本国例，亦只可弩贼追赃，此外亦无办法。"[20]故对于教民被杀及被抢等事，一概不予赔偿，只对贫苦者给予抚恤。后因传教士的抗议，袁世凯虽对教民也给予适当赔偿，"其教民被戕被掠各案，分饬各地方官查明妥办。"[21]然对教民赔偿所用之款，多是变卖拳民家产所得，且部分由传教士领取分发，而非由地方官所控制。当时上海教会所办报纸《汇报》对袁氏的教案处置给予极高评价："慰帅办理教案一律从公，山左士庶感激五中，多有以德政牌、万民伞恭送者，慰帅一概不受。"[22]虽然袁世凯妥善处理了各国教案赔偿事宜，且其赔偿数额远逊于直隶、山西两省，然当时山东财政极为紧张，教案所需巨额赔偿必需通过多征捐税实现。袁世凯上奏教案赔偿筹款时云："此次匪乱，实由各绅民附和酿成，亦可借此捐筹，稍资惩戒，免使公家徒受亏累"[23]，无疑增加了山东民众的经济负担而激化社会矛盾。

---

17 沈祖宪辑：《养寿园奏议辑要》，文海出版社，1967 年，第 56 页。

18 台北中研院近代史研究所主编：《教务教案档》第 6 辑（一），第 487 页。

19 山东省历史学会编：《山东近代史资料》第 3 分册，山东人民出版社，1961 年，第 227 页。

20 台北中研院近代史研究所主编：《教务教案档》第 7 辑（一），中研院近代史研究所，1981 年，第 322 页。

21 台北国立故宫博物院编：《袁世凯奏折专辑》第 1 辑，广文书局，1970 年，第 255 页。

22 徐绪典主编：《义和团运动时期报刊资料选编》，齐鲁书社，1990 年，第 272 页。

23 沈祖宪辑：《养寿园奏议辑要》，文海出版社，1967 年，第 239 页。

1901 年底，袁世凯由山东巡抚升任直隶总督后，重申了民教相仇各案，不得再行追究的条令，以求社会安定。1902 年春，威县又发生法国教士罗泽甫被匪徒杀害一案。袁世凯除处决凶手外，"将该教士尸身妥为殡殓，修祠立碑"[24]，颇获法国教士赞赏。袁世凯在任直隶总督时期，虽坚持保护传教士，但也继续对教民实行严格对待，要求教民犯案与平民一律拿办，不准教民私带枪械，不准教民强迫平民入教。"凡有教民被控，即日票差传讯，倘教士出头干预，自应禀请查照约章惩办。"[25]1904 年，袁世凯又为义和团导致的众多民教仇杀问题，出于稳定大局考虑，上奏清廷建议："所有拳团寻仇各案，一律免究"[26]，对于民教仇杀诉讼案件，不予立案，并"督饬各属严禁报复，庶足以静人心而杜乱萌。"[27]并专门致法国公使《凡庚子民教关涉案件不再究问》照会，以避免引起法国误解。自传教士通过 1860 年《北京条约》非法获得在各地"租买田地"权利后，由此引发的地方纠纷颇多，甚者引发教案。1904 年秋，在直隶遵化又发生旗民赵文荣等盗卖旗地与当地俄国主教一案，因此地位于清东陵附近，属于禁地而严禁买卖，袁世凯获悉后意欲收回，但俄国公使出面干预此案。后经双方数次交涉，袁氏据约列出此案七点违约之处，俄主教最终才同意归还此地，"此案地价及税契银两，均经由俄主教领回。"[28]清末新政时期，随着清政府各项改革及基督教向兴办社会事业方向转移，基督教日渐得到民众认可，直隶地区教案也大大减少。后因袁世凯 1909 年初突遭清廷罢免，直至辛亥革命重新出山，此间再无涉及教案处置问题。

第二节　袁世凯在晚清时期对基督教的政策

因基督教为西方外来宗教，"办理稍失其宜，将来遂执为口实，援为案据"[29]，容易引发中外交涉，使得袁世凯在执行对基督教政策时非常谨慎。袁世凯在遵循清政府总体政策的基础上，既要顾及清政府的颜面及国民的反应，又要考虑到西方国家的感受，尽力满足中西政府的要求，这也是袁氏与其他保守派

---

24 廖一中、罗真容编：《袁世凯奏议》中册，天津古籍出版社，1983 年，第 810 页。

25 甘厚慈辑：《北洋公牍类纂》，文海出版社，1967 年，第 1080 页。

26 《清实录》德宗景皇帝实录（八）：卷 532，中华书局，1987 年，第 85 页。

27 朱寿朋等：《光绪朝东华录》第 5 册，中华书局，1984 年，第 5204 页。

28 台北中研院近代史研究所主编：《教务教案档》第 7 辑（一），中研院近代史研究所，1981 年，第 205 页。

29 台北中研院近代史研究所主编：《教务教案档》第 7 辑（一），第 328 页。

地方官员在基督教政策执行时的高明之处，也赢得了清政府的肯定与西方国家的好感。

为避免列强借口出兵入境，保全山东，义和团运动期间，袁世凯遵守约章，极力保护境内传教士安全，要求下属通知山东各基督教会："传教士不能随心所欲外出，只有在必须处理重要事情之时才能出行。在这种情况下，他们需要向当地官员提出申请，由官员们提供一支军队随行保护……假若有任何传教士不按这些要求做，义和团制造麻烦的话，当地官员则不对他们的安全负责。"[30]后因清廷招抚义和团，导致义和团在山东重新活跃，袁世凯于1900年6月遂将传教士派兵护送至烟台、青岛等沿海地区暂避，"至内地各洋人均派兵妥护，送烟暂避，教堂饬属保护，并言明倘有不及防，照数认赔。"[31]为防止民众烧毁传教士离去后的教堂，"所遗教堂，分别查封，充作公所"[32]，教堂内物件也清点封存，派人看守，此举客观上起到了保护教堂的作用。但各地方官虽然保护传教士，但对扰教民众的约束却不力，美国驻烟台领事法勒（John Fowler）在给袁世凯的回电中也称："各县并不出力缉获滋事首徒"[33]，不能从根本上解决民教冲突。

袁世凯作为精通权术的政治家，对于基督教也是当面保护支持，暗地防范限制，这也遵循了清政府对基督教管理的总体方针。义和团运动期间，袁世凯在护送传教士到沿海后，却又秘密面谕各地地方官劝导教民反教退教，其认为义和团民仇教"实由教民狐假虎威，日事欺凌，以致怨毒莫解，一决横流，势所必至"[34]，故袁氏"转饬各属令将境内教民，悉数勒令反教，取具永远再不习教甘结……所有教堂房屋、器具一律归官。"[35]也接到了在山东的外国传教士写信抗议，并随信附寄反教告示。袁世凯为避免引发纠纷，专门写信给驻烟台各国领事解释，称乃是地方官自作主张以保护教民："因思暂令教友托辞反

---

30 F.L. Hawks Pott, *The Outbreak in China Its Causes,* New York: James Pott & Company, 1900, p.89.

31 盛宣怀：《愚斋存稿》卷37，中国书店出版社，1986年，第4页。

32 国立故宫博物院：《袁世凯奏折专辑》第1辑，广文书局，1970年，第135页。

33 黄嘉谟主编：《中美关系史料》光绪朝（四），中研院近代史研究所，1989年，第2609页。

34 济南市基督教三自爱国运动委员会编印：《基督教史料选辑》第3辑，1962年，第66页。

35 中国社会科学院近代史所《近代史资料》编辑室编：《义和团案卷》，齐鲁书社，1981年，第377页。

教，以避匪害，或是一时权宜办法，故一时粗鲁……然其初意亦只是委曲设法保全教堂、教民，并非有意仇教。"[36]时《汇报》也据此报道称："各国领事接到袁中丞电音，谓已通行严饬各属，不得出示逼令教民反教。"[37]此后袁氏将保教告示贴遍全省，下令派兵保护教堂，教民是否退教听其自便。但是由于部分地方官员的排外，保护教堂命令未得到严格执行，各地破坏教堂的行为仍时有发生。故袁世凯一再向外国领事保证，"他已尽力阻止破坏，如果有这类事件发生，当酌情赔偿，绝无异议。"[38]而对于部分教民的为非作歹行为，袁世凯也坚决予以严惩，如平度教民孙明显于 1900 年夏曾聚众持械，抢劫财物，袁氏要求："正凶即须按照土匪章程，就地正法，以昭炯戒，不问其教不教也。"[39]

庚子事变后，清政府中最顽固排外的势力被翦除，随着清末新政的推行，民众对教会事业日渐接受，使传教的外部环境发生了很大的变化。袁世凯顺应了当时中外关系的变化，除继续强调遵守约章外，同时加以约束传教士不法行为。1901 年，时为山东巡抚的袁世凯在山东发布《保教简明章程》，规定"凡有境内教堂教士，责成该文武地方官随时妥为照料保护，倘有焚抢扰害重案，除撤任留辑外，定即遵旨从严惩办"，同时对保教有力者要给予重赏："凡有境内教堂教士，各该地方官、各防营员弁认真照料保护，一年以内相安无事者，各记大功三尺，三年以内相安无事者，汇案给奖。"[40] 1904 年，时为直隶总督的袁世凯又颁布《各州县教案简明要览》，在直隶各州县分发，重申中外条约中关于保护传教士、善待教民的条款，以及地方官处理传教士买地建堂、清查教产和教民争讼等办法。对于教会拥有刀枪等武器问题，袁氏在章程中再次强调，"无论平民教民，不准身带刀枪，如违拿究"，但又允许教堂留有少量枪支以作防卫，"教堂及办保甲绅董人家，留枪为守夜防盗之用者，不在禁例。但须由官查明，限定数目，不准多藏。"[41]袁世凯在任上一再要求地方官在涉及基督教时要遵守约章，"惟入内地设堂传教，载明约章，何能禁止，又约章内

36 中国社会科学院《近代史资料》编辑组：《近代史资料》第 1 号，科学出版社，1954 年，第 25 页。

37 《时事》，《汇报》1900 年第 199 号，第 2 册第 790 页。

38 中国社会科学院近代史研究所《近代史资料》编辑组：《义和团史料》下，中国社会科学出版社，1982 年，第 554 页。

39 朱金甫、荣孟源编：《筹笔偶存》，中国社会科学出版社，1983 年，第 370 页。

40 《时事：官谕》，《汇报》1901 年第 261 号，第 3 册第 488 页。

41 《直隶总督袁颁发各州县教案简明要览》，《东方杂志》1904 年第 1 卷第 7 号，第 33 页。

载无论洋员，教士商人各色人等，前赴内地宜先奉护照，照章保护，如无护照及有不法惰事，中国地方官理合拦阻拿获，交近口领事查办。沿途只可拘禁，不可凌虐。验其护照有则准留，无则按照约章办理。"[42]

但是袁氏又不是一味地保护传教士，对于传教士干预词讼，因违反约章规定，袁世凯向来反对，要求地方官员："尽可据条约章程分别驳斥，不应偏听袒护。"[43]1905 年，袁世凯针对在华天主教、基督教之间互相争斗问题，又发布《禁止教民滋事告示》，告诫耶稣、天主教两派教徒勿互相攻击，地方官应不论何教，照平民一体办理。鉴于不同教派信仰的复杂性，对于两派矛盾引发的案件，袁氏也是坚持"只问是非，不问传教"原则，也为各地官员所效仿。时总理衙门为防止教案，曾于 1899 年制定《接待教士事宜五条》，规定各级教士与各级地方官品秩等相等，地方官应予接待保护，反而导致传教士、教民为非作歹现象时有发生，"教士等竟有僭用地方官仪仗情事，以致无知愚氓辄多误会"[44]。故袁世凯于 1908 年春，奏请将此条例撤销，仍按原约章，对传教士以礼相待[45]，遏制了教士干预地方行政的势头，利于民教关系的缓和。

因基督教的外来特殊性，袁世凯对其政策不同于对佛、道教等宗教政策，而是对外政策一部分，并服从于对外政策。袁世凯坚持遵守条约规定，保护传教士，非是对基督教抱有好感，而是以获得英、美国家的支持为本质目的。袁世凯始终将基督教问题与西方政府相联系，其上任山东巡抚后即致电烟台的美国领事法勒言："本部堂上月上任，即分派员名驰往各处，保护教堂、教士。"[46]袁世凯因保护传教士受到各国驻华传教士与官员的好评，纷纷建言本国政府勿出兵山东，也得以避免了山东遭受入侵，其对基督教政策收到立竿见影效果。英国驻华代总领事霍必澜（P. Warren）1900 年曾至本国政府电："自冲突开始以来，山东巡抚便反对义和拳，并且保护商人，教士和教徒：他所管辖的省份既然完全没有义和拳暴民，所以各国没有必要派兵远征，因为那将使山东陷入同直隶一样的混乱状态，并使和约的缔订拖延好几年。"[47]袁世凯的基督

42 甘厚慈辑：《北洋公牍类纂》，文海出版社，1967 年，第 1077 页。
43 台北中研院近代史研究所主编：《教务教案档》第 6 辑（一），第 487 页。
44 朱寿朋等编：《光绪朝东华录》第 5 册，中华书局，1984 年，第 5861 页。
45 沈祖宪等编：《容庵弟子记》第 4 卷，文海出版社，1967 年，第 24 页。
46 朱士嘉编：《十九世纪美国侵华档案史料选辑》上册，中华书局，1959 年，第 250 页。
47 胡滨译：《英国蓝皮书有关义和团运动资料选译》，中华书局，1980 年，第 343 页。

教政策与对外政策密切相关，也与传教士经常诉诸本国公使帮忙有关。1901年，因袁世凯要求山东高等学堂学生的必须朝拜孔子，引起总教习赫士辞职并还将此事告知美国公使。美国公使与清政府交涉，认为此举有违传教条款，基督教不允许有偶像崇拜。出于美国政府的压力，袁世凯就不得不又规定："凡是信奉基督教的教师可以不参加这个叩拜孔夫子的仪式。"[48]特别是在辛亥革命中，袁氏对基督教传教士的友善政策及交往也获得各国在华官员信任，其出任临时大总统时仍获得欧美国家大力支持。

第三节　晚清时期袁世凯与传教士的交往

近代来华传教士作为晚清社会的特殊阶层，受到不平等条约保护，常受到地方官员的礼遇，而袁世凯作为开明政治官僚，也与传教士有密切交往。如上所述，义和团运动高潮期间，袁世凯为避免中外冲突，将内地传教士护送至沿海地区。1901年，在山东义和团活动逐渐平静后，袁世凯又派兵护送沿海传教士返回传教地。当有传教士抗议袁世凯密令教民反教时，袁氏还致信传教士承诺："即有教民出具反教之保状甘结及一切应许，概行作废，不复究追。"[49]在义和团运动中，在华传教士对袁世凯的保护传教士行为十分感激，多次在著作中提及袁的保护行动及袁氏的开明，对其留下了较好印象。时山东传教士也致信《万国公报》，对袁世凯就任山东巡抚后的政绩给予赞扬："自莅任以后，虽教会产业时有被劫，而西人无一被戕，较之直隶各处，不已天地悬殊哉。"[50]

袁世凯在庚子期间与传教士的频繁交往，还与庚子教案的赔款有关。时山东各基督教会在义和团运动中教堂被毁，教民遭杀，教会财产损失惨重，事后传教士也纷纷向山东巡抚衙门寻求赔偿。虽然"洋人失物，照约只可弩贼追赃，亦无官民赔偿之例"[51]，然在当时八国联军侵华背景下，袁世凯无奈被迫邀请英、美、法、德等国在山东的领事及传教士赴济南，述其赔偿之总数，以便了

48　A Treaty Right Violated, *Missionary Herald,* September 1902, p.357.

49　《复美英教士韩维廉、聂士华书》，《万国公报》1901年9月，华文书局股份有限公司1968年影印本，第20441页。

50　《京津拳匪乱事纪要之十一》，《万国公报》1901年4月，华文书局股份有限公司1968年影印本，第20077页。

51　中研院近代史研究所主编：《教务教案档》第6辑（一），第328页。

结。英美、德等国的善后赔偿问题解决相对顺利，英美新教传教士更是对于赔偿数额比较宽容，"竟有较原索之款减让颇多，甚或减至数十倍者，每非始料所及。"[52]但少数法国教士却借机谎报损失以换取更多赔偿，气焰嚣张，一时难以结案。袁世凯要求下属据实调查，据理力争，尽力减少赔偿，并非以往论者所言一味媚外屈从。袁世凯的谈判代表唐绍仪曾对传教士说："巡抚不是要求全部免除赔偿，而是适当的减少，在这种情况下，巡抚将承担赔偿义务。"[53]如美国北长老会开办的潍县乐道院被拳民烧毁，该会教士狄乐播（R. M. Mateer）来省索赔，经双方协商而大幅减少赔偿金额，"据委员查估，约需款十万金上下……该教士颇易受商，一再减让，允以银四万五千两作结。"[54]时德国天主教士安治泰（John Baptist Anzer）就巨野教案的善后问题与袁世凯交涉，请求放弃在巨野县张庄拨地建堂而改拨兖州府地基建造教堂。袁世凯认为，"惟当此清理教案辑睦友邦之际，自应商同竭力设法办理"[55]，遂由官备价购买兖州府城内十亩地基，拨给教会建堂，深得安氏所愿。法国传教士的索赔问题虽然棘手，但也以最小代价解决。据袁氏奏报："法主教陶万里等颇挟奢望，共索赔至百余万之多，嗣经让减，尚以八十四万为清。经该道力与争持，再四驳斥，竟以十七万九千金了结全案。"[56]袁世凯在同传教士交涉处理赔款问题时，实事求是，有理有据，驳斥部分传教士的无理索赔，也减少了清政府的赔款负担。1901年，英国传教士赫德利（John Hedley）因交涉教会赔偿问题赴济南，受到袁世凯的热情接待，并承诺赔偿教会所有损失，其对袁氏也给予极高评价。他在事后说："袁世凯为人亲切正直，极具政治家风范，拥有出色的管理才能。他天生就是领导人，富有亲和力，希望可以这些振兴这个衰弱的国家。"[57]

因当时传教士是现代教育、医疗事业的倡导者，袁世凯也看到了西方现代文明的进步，故也积极利用传教士的优势，为其新政服务，"各种西学，有非身亲其境，不能考验得实者，必须延聘洋人，为之师长以作先路之导。"[58]1901

---

52 廉立之、王守中编：《山东教案史料》，齐鲁书社，1980年，第377页。

53 Arthur J. Brown, *Report on a Visitation of the Missions in China of the Board of Foreign of the Presbyterian Church in the U.S.A*, New York, 1902，p.44.

54 国立故宫博物院：《袁世凯奏折专辑》第1辑，广文书局，1970年，第255页。

55 中国第一历史档案馆、福建师范大学历史系编：《清末教案》第3册，第43页。

56 廉立之、王守中编：《山东教案史料》，齐鲁书社，1980年，第387页。

57 John Hedley, "Account of a Recent Trip into the Lao-ling District", *The Chinese Recorder*, August 1902, p.380.

58 国立故宫博物院编：《袁世凯奏折专辑》第1辑，广文书局，1970年，第222页。

年，袁世凯率先在济南创办山东高等学堂，因其在登州任职时即闻美国北长老会创办的登州文会馆教育之先进，遂邀请该会传教士赫士（W. M. Hayes）出任总教习，并率领登州文会馆美籍教习 4 人及毕业生出任教师，并参照登州文会馆创办。后袁世凯在天津创办北洋大学后，又聘请美国公理会传教士丁家立（T. C. Daniel）出任总教习。然袁氏虽借助传教士办学，但又明确规定不准其在公立学堂传教，如在聘用赫士的合同中即载明："总教习遵守学堂章程，暨不牵涉教务。"[59]即使袁世凯的子女教育也与传教士有关，使子女得以接受当时先进的西式教育。1898 年，"袁世凯聘请美国北长老会牧师豪斯（Herbert E. House）担任长子袁克定的家庭教师。"[60]袁世凯出任直隶总督后，"将子女送入传教士在天津开办的中西书院读书，并聘请传教士作为子女的私人家庭教师。"[61]1902 年，"袁世凯还赠送给重建的山东长老会男、女医院 100 两银子"[62]，以示对教会事业的支持。然而袁世凯虽利用传教士开办新式学堂，却对教会教育无太多了解。1901 年冬，"美国公理会传教士谢卫楼（D. Z. Sheffield）因教会学校培养学生无法进入政府学堂就业，遂去保定府游说时任直隶总督袁世凯，结果他失望地发现袁世凯对传教士的教育方式和目的所知甚少，表示无力解决此问题。"[63]1902 年秋，英国传教士李提摩太（Timothy Richard）在筹划成立山西大学堂西学专斋后，去保定府访问时任直隶总督的袁世凯。"袁对学堂非常支持，当面承诺给予一万两资助翻译课本，还保证河南与山东巡抚也会给予相同数目，但这种高尚的承诺却未成为现实。"[64]1907 年，还派代表钟紫垣出席来华传教士百年大会欢迎会，宣扬对基督教友善。传教士作为近代中国的特殊阶层，常常受到地方官员的礼遇，甚至成为中外官员、政府接触的联系人。在陕西传教多年的英国传教士邵涤源（A.G. Shorrock）作过陕西军政府的顾问，在南北议和期间，袁世凯曾利用其和陕西地方官之间传递消息，沟通联系。

59　李刚己辑：《教务纪略》卷四下，上海书店，1986 年，第 12 页。

60　Arthur J. Brown, *The Chinese Revolution*, New York: Student Volunteer Movement, 1912, p.167.

61　Nelson Bitton, *The Regeneration of New China,* London: United Council for Missionary Education Cathedral House, 1914, p.106.

62　John J.Heeren, *On The Shantung Front: A History of the Shantung Mission of the Presbyterian Church in the U.S.A. 1861-1940*, New York: The Board of Foreign Missions of the Presbyterian Church in the United States of America;1940, p.136.

63　D. Z. Sheffield, "The Present Educational Status in North China", *The Chinese Recorder,* August 1902, p.377.

64　Timothy Richard, *Forty -Five Years in China, Reminiscence*s, London: Frederick A. Stokes Company, 1916, p.303.

第四节　袁世凯与民国初年的基督教

　　袁氏对基督教政策行动也获得各国在华官员信任，清政府灭亡后，袁世凯得以执掌民国政府也获得欧美国家大力支持。袁世凯出任民国临时大总统后，出于执行条约义务和减少外交纠纷的考虑，继续保护外人在华传教事业，据其政治顾问莫理循（George E. Morrison）所述，"当时西方教会受到不平等条约的保护，袁世凯并不想得罪教会。"[65]袁世凯任总统时，先后发布《袁大总统通饬保护外人令》《袁大总统通告各省切实遵守条约》，宣布信仰宗教自由。1913年，二次革命爆发时，袁世凯就发布大总统令，声称："各国商民之通商、传教载在条约，凡有乱警地方，该地司令官均应照约实力保护，务使各外国人之身命则产不致因乱事稍受危险。"[66]民初常有土匪袭击、侵扰外人的现象发生。针对此类情况，袁世凯也要求各地官僚遵照条约，加以保护。1914年，袁世凯就为土匪杀死传教士而发布大总统令，要求"所有各处教堂、教士著各都督、民政长、护军使、镇守使饬属一体加意保护，毋得疏虞干咎。"[67]袁氏对基督教的友善政策，也颇得基督教会好感，时上海教会报纸《通问报》即公开赞扬袁世凯就任总统后励精图治，"对于各项政务均已亲自裁理，所有各主管衙署递呈紧要公文，阅后均亲笔加批。"[68]

　　袁世凯在民国总统任上，除继续保护传教士外，还给基督教会在华事业以各方面的支持。1912年3月23日，袁世凯亲自接见了公理会、长老会、伦敦会、美以美会的四位中国基督徒，"重申宗教信仰自由政策，认为基督教教义与共和国的建设目的相一致，希望基督教可以宣扬共和精神"[69]。1912年3月26日，北京各基督教会专门举办了庆祝共和大会，"庆祝民国成立之速，及袁项城被选为临时大总统。更因项城保全北方秩序及设教可得自由。"[70]大会意图邀请袁世凯出席，袁因公务繁忙，专派精通英语的颜惠庆出席并致谢。是年，袁世凯曾对一名美国传教士说："我不是基督徒，但除非基督教的伦理在中国

65　（澳）骆惠敏编，刘桂梁等译：《清末民初政情内幕：泰晤士报驻北京记者袁世凯政治顾问乔·厄·莫理循书信集》，上海知识出版社，1986年，第767页。

66　骆宝善、刘路生主编：《袁世凯全集》第23卷，河南大学出版社，2013年，第191页。

67　《大总统令》，《政府公报》1914年第632号，第1页。

68　《大总统励精图治》，《通问报》1914年第600期，第16页。

69　Arthur H. Smith, *The Uplift of China*, New York: Missionary Education Movement of the United States and Canada, 1912, p.187.

70　天路客：《北京教界庆祝共和会志盛》，《教会公报》1912年3月，第46页。

学问中占主要地位，否则共和国就没有希望。"[71]同年 12 月，基督教青年会第六次全国大会在京召开，袁世凯专门在其官邸为与会代表举行了欢迎会。1913 年 1 月，中华博医会在北京召开全国大会，袁世凯接见与会医学传教士，这是自晚清以来中国国家元首第一次公开集体接见医学传教士。袁世凯致辞说："想从前贵会医士在敝国内地办种种善事义举，本大总统不胜感激"，"全赖诸位热心劝导，使研究卫生之道者日益发达。又内地之穷民妇孺颇有仗贵教会之保护抚育，并授以文明知识者。此贵教会之大有益于我国者"[72]。1913 年 4 月 13 日，在京基督教会合开为国公祈大礼拜，袁世凯又派代表顾维钧到会，"为代表并宣布大总统之意，对于为国祈祷之举甚表同情。"[73]同年 4 月 27 日，袁世凯又电令各省与全国基督教徒在各地开祈祷大会，允许当地官员与会，"祈祷救主，护佑民国。"[74]1913 年 10 月 9 日，当北京青年会会所大楼竣工举行典礼时，袁世凯题写颂词以表祝贺，赞其言表行坊、乐群敬业，[75]并派财政部次长梁士诒作为总统代表出席典礼，"登台朗述大总统颂词，并言及大总统对于青年会前途之属望。"[76]同年底，袁世凯又在北京接见参加青年会年会的代表，致词推崇青年会的信念并颂扬其贡献。1914 年 11月 18 日，基督教会在北京举办为了中国和世界的和平的祈祷大会，袁世凯又派代表参加了这次祈祷活动。1914 年夏，因李佳白开办的尚贤堂在上海筹办万国博物院缺乏经费，特致信袁世凯请求拨款资助。袁当即令财务部拨款 3 万5 千两，分两年分期支付。[77]是年冬，恰逢尚贤堂成立 20 周年大会举行，袁世凯又派代表出席，对其支持可见一斑。同年，因基督教在华最大的出版机构：上海广学会主办的《大同报》创刊十周年，该刊常刊发北京政府总统公告及文件，其主编季理斐故向大总统袁世凯特约题词。袁氏欣然同意给予题写祝词，并刊发于该报当年第九期，称其："功在无形，绝代輤轩，属辞比事，百国宝

---

71 *The Annual Report of the American Board of Commissioners for Foreign Missions,* Boston: Congregational House, 1915, p.158.

72 China Medical Association, *China Mission Year Book,* Shanghai: Christian Literature Society,1913,p.287.

73 陈春生：《基督教对于时局最近之概论》，《中华基督教会年鉴》第 1 期，商务印书馆，1914 年，第 11 页。

74 莫安仁：《中政府联合全国基督教徒开祈祷会》，《大同报》1913 年第 11 期，第 1 页。

75 陆纯编：《袁大总统书牍汇编》，文海出版社，1967 年，第 47 页；《北京青年会成立大会演说词》，《大同报》1913 年第 36 期，第 36 页。

76 《北京青年会新屋落成开幕志盛》，《青年》1913 年第 16 卷第 11 期，第 257 页。

77 李佳白：《对于袁前总统之回溯》，《尚贤堂纪事》1916 年第 7 期第 6 册，第 6 页。

书。"[78]即使在袁世凯称帝后的 1916 年，为表示对基督教活动的支持，还曾许诺将北京西城一块地皮给予北京青年会使用。此外，袁世凯仍然借助传教士为其提供帮助。如 1913 年，袁世凯试图大借外债，遭到孙中山的反对并准备在海外发表抗议宣言。袁氏遂利用李提摩太与孙中山有所交往的关系，授意李氏拜访孙中山，"请求他不要把宣言发表，但他无论如何听不进理性的劝告。"[79]

在利用基督教为其服务同时，袁世凯出于防范外人的考虑，又对基督教加于限制，这在其出任民国总统，掌握全国大权后更为明显。在传教士管理上，袁世凯政府继承晚清护照制度，对于外国传教士管理则是发放个人护照，注明中英文姓名、国籍、地点、职业、事由、期限等内容，由当地政府审核签收。袁世凯还于 1912 年底发布《公立私立专门学校章程》、《医学专门学校章程》等法规，要求私立教会学校呈报教育总长认可[80]。1913 年，袁世凯为加强对基督教管理，还下令各省对天主教、基督新教的具体教产、教士、教民及教育医疗设施进行了调查，便于统计备案。政府将教会学校、教堂、医院当作公共处所，在编查户口时一并统计。然而袁世凯政府对与西方国家有密切关系的基督教管理，虽然也颁布上述条例，但实际操作却流于形式，且甚少要求教会学校向政府立案，直到南京国民政府成立后才真正落实。同样作为宗教管理，袁氏对佛道教的管理则更为严格，先后于 1913 年、1915 年《寺院管理暂行条例》、《寺院管理条例》，寺院失去财产处置权，并收归地方长官管辖，其执行效果不同，也是因基督教与不平等条约相关联所决定地。

民国成立后，1912 年 3 月 11 日公布的《临时约法》规定："人民有信教之自由"，这就对信仰基督教给予了法律上的承认，使得基督徒摆脱了晚清时期"教民"无法律保障的尴尬地位。这在袁氏上台后制定的 1914 年《中华民国约法》中又给予了重新确认，"人民于法律范围内，有信仰宗教之自由"，让广大传教士与基督教徒看到了基督教发展的契机。1912 年 4 月，基督新教主办的《教会公报》上，刊登了无锡圣公会教徒罗启明的《上袁大总统意见书》，甚至提出了基督教为国教的建议，他认为目前中国"往为教别，而别生枝节……崇事必以耶教视同国教，中外一家，全球相应，则富强之业不亚于欧洲矣。"[81]可惜好景

---

78 《袁大总统祝词》，《大同报》1914 年第 9 期，第 1 页。

79 Timothy Richard, *Forty -Five Years in China, Reminiscence*s, London: Frederick A. Stokes Company, 1916, p.353.

80 《公立私立专门学校章程》，《中华教育界》1913 年第 3 期，第 43 页。

81 罗启明：《上袁大总统意见书》，《教会公报》1912 年 4 月，第 68 页。

不长，康有为、陈焕章在上海发起成立孔教会，掀起立孔教为国教的运动。同时，袁世凯也公然于1913年6月22日发布《通令尊崇孔圣文》，要求各地按古义举行祝孔典礼。[82]一时全国上下掀起尊孔复古逆流，这也受到在华基督教会的强烈反对，认为有违宗教信仰自由，并会影响基督教的传播。1913年，在德国主办的《协和报》第7、8期上，分别刊登《天主教全体公民请愿信教自由不定国教电》、山东东界天主教《公教请愿信教自由不定国教之公电》，均致电袁世凯政府反对立国教为孔教。同年，广学会主办的《大同报》也连载《以孔教为国教之商榷》长文，强烈反对孔教为国教之主张。1914年2月的《教会公报》也刊登山东青州基督教全体上请愿书，向总统袁世凯、副总统黎元洪和国务院提出"信教自由、不定国教"的要求。1914年2月7日，袁世凯发布命令，称："信教自由为万国通例，中华民国由五族共同组成，其历史习惯各不相同，宗教信仰也很难一致"，因此，"自未便特定国教，致戾群情"，"至于宗教崇尚，仍听人民自由。"[83]是年，《通问报》上也援引西报所载称："袁大总统有旧中国以儒教为本，新中国当以基督教为基础之语"[84]，希望袁氏能落实。虽然国教案被迫取消，但袁世凯借助尊孔实现称帝的行为却没终止，终于1915年底改元称帝，后在全国反对声中郁郁而终。时青年会干事王正廷即批评袁世凯的独裁称帝行为，"袁氏逆世界潮流而进，终至身败名裂"[85]。

袁世凯作为非基督教信徒，其内心对基督教并无太多好感，但其又与基督教有着千丝万缕的关系。他在处理基督教事务时，考虑的是身为弱国的政治家，如何避免宗教问题引发中外冲突，从而维护国家大局稳定，并利用其为自己的政治前途服务，这就决定了其政策的灵活性与多变性，也是其对外政策的重要组成部分。袁氏的基督教政策，也随着国内局势的变化而不断调整，对基督教的保护、限制及利用贯穿始终。当袁氏为晚清地方大员时坚持遵守约章保护传教士，服从于清政府的总体政策，而当其执掌国家大权时，则有意识地加强了对基督教的管理，这也为其继任者所沿袭。而与之相应的是，在华基督教会自庚子事变后，随着民教、政教关系的缓和及传教重心的向社会事业的转移，尤其是袁世凯等开明官僚对基督教的保护、支持，从而进入了黄金时期。从传教士在华人数与信徒人数来看，逐年飞速增长，"1906年，西国教士3833

82 陆纯编：《袁大总统书牍汇编》，文海出版社，1967年，第129页。
83 中华续行委办会编：《中华基督教会年鉴》第2期，商务印书馆，1915年，第259页。
84 《大总统识真方》，《通问报》1914年第597期，第5页。
85 中华续行委办会编：《中华基督教会年鉴》第3期，商务印书馆，1916年，第2页。

人，受餐教徒 178251 人；1912 年，西国教士 5186 人，受餐教徒 235303 人；1916 年，西国教士 5740 人，受餐信徒 293139 人。"[86]

第五节　来华传教士对袁世凯之认识

袁世凯一生颇具传奇色彩，纵横捭阖，随军入朝，戊戌告密，北洋练军，剿灭拳匪，推行新政，缔造共和，出任总统，称帝自灭，可谓是清末民初的政坛明星。袁世凯的传奇经历及其对基督教的友好态度，自然也受到了来华传教士的广泛关注，在他们的论著中对袁氏的介绍颇多，当然对其评价也不尽一致。来华传教士受西方价值观与扩展传教的影响，总体对袁世凯抱有好感与希望，但最终多数传教士又对其专制称帝表示失望。

来华传教士对袁世凯早期在朝鲜活动介绍时，提及了其对士兵残酷与在朝对日本的强硬态度，导致其与日本的关系一直不好，"袁氏在朝鲜破坏日本之阴谋，袁欲为帝，日本亦反对之。"[87]李佳白也对其在朝活动给予肯定，"无时无事，不以防范日本侵夺中华权利为己任"。[88]而传教士也均关注了袁氏在维新运动中出卖维新派，从而使中国与君主立宪擦肩而过的举动，其对光绪帝的不忠行为也受到批评。英国传教士丁乐梅（E. J. Dingle）称："誓言还挂在嘴角，他就食言而背叛了皇上。他是一个中国人，他似乎选择了最有利于达到自己目的的那一派。我们把事件的结果留给历史去评价，但我们必须记住，正是袁世凯，他给了改革派致命的一击，并为 1900 年中国的大耻辱埋下了伏笔。在中国人中间，人们把袁世凯当成一个未必对自己有益的人来看待。"[89]然部分传教士又认为人无完人，"如果袁世凯将来真的能够为一个统一的中华民国鞠躬尽瘁，那么他过去所犯的错误必将在巨大的荣誉中被人们淡忘。"[90]

在义和团运动中，在华传教士对袁世凯的保护传教士行为十分感激，多次在著作中提及袁的保护行动及袁氏的开明，对其留下了较好印象。在烟台的美

86　陈维屏：《庚子年后二十五年来教会在中国的情形》，《神学志》1924 年第 10 卷第 4 号，第 4 页。

87　莫安仁：《论袁世凯》，《大同月报》1916 年第 7 号，第 4 页。

88　李佳白：《论袁世凯》，《尚贤堂纪事》1916 年第 7 期第 10 册，第 11 页。

89　丁格尔著，刘丰祥等译：《辛亥革命目击记：大陆报特派员的现场报道》，中国青年出版社，2002 年，第 154 页。

90　J. S. Thomson, *China Revolutionized*, Indianapolis: The Bobbs-Merrill Company, 1913, p.15.

国北长老会传教士郭显德（Hunter Corbett）记载当时情况云："山东未伤一（外国）人，不能不感谢美国领事富勒尔与山东巡抚袁世凯之见识及魄力也。……袁世凯下令驱逐义和团，并设法保护各地教士，不罹于难。"[91]时山东传教士也致信《万国公报》，对袁世凯就任山东巡抚后的政绩给予赞扬："自莅任以后，虽教会产业时有被劫，而西人无一被戕，较之直隶各处，不已天地悬殊哉。"[92]然而对于袁世凯违背朝廷旨意的行为，美国传教士赫德兰（I. T. Headland）也进行了深刻分析："他没有杀害所管辖的省内的洋人，从而违背了慈禧太后的旨意。就凭这一点，假如义和团最终胜利了，袁世凯肯定是会掉脑袋的；然而，义和团失败了。袁世凯虽然抗旨，却挽救了国家。所以，只要慈禧还大权在握，袁世凯就会平安无事。"[93]1901 年，英国循道会传教士赫德利（John Hedley）因交涉教会赔偿问题赴济南，受到袁世凯的热情接待，并承诺赔偿教会所有损失，其对袁氏也给予极高评价。他在事后说："袁世凯为人亲切正直，极具政治家风范，拥有出色的管理才能。他天生就是领导人，富有亲和力，希望可以这些振兴这个衰弱的国家。"[94]

来华传教士受宗教普世主义影响，赞成改良，反对暴力流血革命，希望中国尽快实现西方的现代化，故对袁世凯在山东、直隶振兴实业，建立近代警察制度，提倡工商实业，开办新式学堂，推动立宪给予高度赞扬。美国北长老会传教士聂会东（J. B. Neal）称："自义和团起事期间袁世凯大人出任山东巡抚治理山东以来，通过有效的管理把济南和山东从混乱中解救出来，官员和人民对外国人和外国事物的态度，都发生了令人愉快的变化。"[95]美国公理会的《传教先驱》杂志在报道李鸿章去世消息时，"专门提到直隶总督将由山东巡抚袁世凯接任，袁氏拥有较高的声誉与杰出的才能，对外国人十分友好。"[96]美国传教士汤姆森（J. S. Thomson）也对袁世凯也赞赏有加，"认为袁务实精明，力促改革，精通财政，颇受外国人欢迎。"[97]而在其 1913 年所著的《北洋之始》

---

91 连警斋编：《郭显德牧师行传全集》，广学会，1940 年，第 176 页。

92 《京津拳匪乱事纪要之十一》，《万国公报》1901 年 4 月，华文书局股份有限公司 1968 年影印本，第 20077 页。

93 赫德兰：《一个美国人眼中的晚清宫廷》，百花文艺出版社，2002 年，第 181 页。

94 John Hedley, "Account of a Recent Trip into the Lao-ling District", *The Chinese Recorder,* August 1902, p.380.

95 R. C. Forsyth, *Shantung, the Sacred Province of China in Some of Its Aspect* , Shanghai: Christian Literature Society,1912,p.335.

96 The Death of LI Hung Chang, *Missionary Herald* , December 1902, p.512.

97 J. S. Thomson, *The Chinese,* Indianapolis: The Bobbs-Merrill Company, 1909, p.192.

中又称："袁世凯是一个非常有势力的人，颇具他的老师李鸿章的风范。1909年以前，在天津，由于得到了外国人的帮助和西方国家的指导，袁世凯控制着国内最好的军队和最好的学校，甚至最好的工厂。"[98]赫德兰也提到："尽管袁世凯没有受过任何西式教育，但他却在自己管辖的省建立起一套公立学校的体系，这是整个中国前所未有的。"[99]而对于1909年初的袁世凯被突然罢免，赫氏则表示了遗憾，认为是宫廷斗争的结果，为保皇官员诬陷袁氏谋害光绪帝而不平，"因袁世凯背叛维新事业，导致光绪帝被囚禁，摄政王载沣最初可能想把袁世凯正法了事，但无奈张之洞说不可，只好在1909年叫袁世凯开缺回籍养病去了。"[100]美国公理会传教士明恩溥（A. H. Smith）对袁的罢免则评论道："突然罢免袁世凯，使得清王朝中央机构进入新的篇章，也说明当个人权利极度膨胀超过国家权利时会遭到罢免，这在中国历史上多次得到证明。"[101]美国北长老会士布朗（Arthur J. Brown）早在1901年于济南就受到袁氏的接待，后还保持通信往来，对袁氏所体现出的开明政治家形象颇有好感，其对此事件论道："对于官居军机大臣的袁世凯而言，这是一场让其地位一落千丈的突然变故。他从权倾朝野沦落为普通士绅，高傲的袁世凯步入了生命中的低谷。他在功业和威望达到巅峰之际，遭受了灾难性的打击。"[102]也有传教士认为对袁氏的罢免是错误的举动，使清政府失去了掌控局面的人物。当时上海教会报纸《通问报》更是直言不讳的说："袁项城为中国第一人物……今后中国之存亡，惟视项城能起用与否"[103]，这也为以后的历史所证明。

随着袁世凯就任民国总统，直至称帝而亡，来华传教士对袁世凯的认识也经历了从希望到失望的过程。在辛亥革命中，来华传教士同其他在华外国人观点类似，"大多是挺袁弃孙，认为只有袁世凯可以掌握政权，其代替孙中山出任大总统为明智之举，甚至将其与美国开国总统华盛顿相媲美，这也与他们认为袁氏更能稳定中国局势而利于其在华传教有关。如布朗在其1912年出版的《中

98 J. S. Thomson, *China Revolutionized,* Indianapolis: The Bobbs-Merrill Company, 1913, p.14.

99 赫德兰著，吴自选译：《一个美国人眼中的晚清宫廷》，百花文艺出版社，2002年，第179页。

100 赫德兰著，吴自选译：《一个美国人眼中的晚清宫廷》，第184页。

101 A. H. Smith, "General Survey", *China Mission Year Book,* Shanghai: Christian Literature Society, 1910, p.2.

102 Arthur J. Brown, *The Chinese Revolution*, New York: Student Volunteer Movement, 1912, p.171.

103 《袁世凯之物望》，《通问报》1910年第419期，第10页。

国革命》一书中说："现在在华外国人都相信袁世凯是此时掌控国家的最为合适人选，他是位杰出的领导人，可以带领国家走出困境。"[104]李提摩太在孙中山被迫让位于袁世凯后说："这是他（指孙中山）一生中所采取的最明智的一个举动，因为孙中山对政治毫无经验，而袁世凯则几乎是中国最有经验的政治家。"[105]李氏还对袁世凯上台后采取的措施给予肯定："面对各省混乱无序的压力，袁世凯坚持毫不延迟地强化军队的战斗力，这无疑是一个正确的举措。他安抚了整个国家的民众，使他们对中国的所有朋友都心怀敬仰。他采取的另一个聪明举措是邀请那些曾经被慈禧太后驱逐出境的改革派领袖回国。"[106]美国著名布道家，青年会干事艾迪（Sherwood Eddy）民初曾受到袁世凯的亲自接见，故对袁世凯有更深刻认识，称其为中国之一柱石，魄力可与时任的美国总统罗斯福相伯仲。"总统之为人，坚强明断，迈越群众，能慑服人，其心神才力实能合新旧两派而调融之，而主宰之中国……唯袁氏出，乃能治革命家与守旧党于一炉，而挽救此蜩螗鼎沸之时局，于是众望所归被举为中华民国之元首。"[107]明恩溥则称："他是个典型的与不断变化形势的作斗争的中国人，他的前半生可以说是过去中国五十年的写照。袁作为临时大总统，精力旺盛，治国有方。没有人可以像他那样促成清政府到民国的转变，并实现平稳过渡。"[108]

　　然袁世凯上台执政以来，后镇压二次革命，扩大总统职权，解散国会、国民党，专制独裁越来越明显，受到部分传教士的指责，认为有违共和精神。明恩溥即认为："袁世凯镇压二次革命，造成无辜人员伤亡与教会教务停滞，查封支持革命的报纸有违常理，这同中国历史上的专制行为如出一辙，中国出现了倒退的迹象。"[109]但也有传教士不批评其专制行为，反而给予辩解，艾迪即称："二次革命之时，袁氏又多所宽假，不肯故逞，其威力以残杀夫异己者，则其仁厚尤有足称者矣。……袁氏之举措虽未必即能无过，然平心论之，终不

104　Arthur J. Brown, *The Chinese Revolution*, New York: Student Volunteer Movement, 1912, p.173.

105　Timothy Richard, *Forty -Five Years in China, Reminiscence*s, London: Frederick A. Stokes Company, 1916 p.352.

106　Timothy Richard, *Forty -Five Years in China, Reminiscence*s, London: Frederick A. Stokes Company, 1916 p.353.

107　严桢译：《艾迪氏之袁世凯观》，《大中华》1915 年第 10 期，第 2 页。

108　A. H. Smith, "General Survey", *China Mission Year Book*, Shanghai: Christian Literature Society, 1913, p.22.

109　A. H. Smith, "General Survey", *China Mission Year Book*, Shanghai: Christian Literature Society, 1914, p.4.

失为一砥柱中流之人物。"[110]还有传教士认为独裁是非常时期的特殊政策，美国传教士纳尔森（C. A. Nelson）在"二次革命"之初即发表评论说，"袁世凯运用高压手段对付反对派人士完全是被逼出来的。因此，袁世凯如以武力摧毁反对人士是可理解而且是正当的。"[111]李佳白则认为袁氏的暂时专制利于稳定国内局势，"设非有集权之治，必不能如今日之又安也。"[112]以往论者多认为李氏赞同袁世凯的独裁专制，但其仍是崇尚西方民主政体，认为专制又非长久之计，"虽今日之大总统，四年以来一惟以集权为务，窃料其所秉之政见，亦未必以此为永久之良图。"[113]李佳白虽然支持袁世凯，但对袁氏解散国会及各地议会、自治会却表示了不满，其上书袁世凯从五方面力陈恢复自治制与国会制之必要，"盖以非此则无以副共和立宪之名，即无以收统一民志之效。"[114]而对于袁世凯掀起的尊孔复古逆流，艾迪也认为未尝不可，其称："然其结果亦不过隆重其祀典，增其敬礼而已。至于人民信教自由，未尝因尊重孔教而有所限制，有所侵损也。"[115]更有甚者，有传教士认为袁世凯的扩权与独裁反而对民国有利："袁氏的独裁终究会获得证明，那是为人民日后享有更多自由的保证。绝非是只浪费人民的血汗钱却不立法的所谓国会可比拟的。"[116]在华传教士也看到了袁世凯十分重视军队，通过军队控制了国家政权，但也造成了中国沉重的军事负担。"他用武力控制掌控国家，出于私心，将他嫡系派至各个地方掌权，但也容易导致部下对他的欺骗与背叛。"[117]

1915 年，杨度、梁启超等掀起君主、共和国体讨论，也引起在华传教士的关注。美国北长老会传教士丁义华（Edward Waite Thwing）也支持袁世凯，

110 严桢译：《艾迪氏之袁世凯观》，《大中华》1915 年第 10 期，第 5 页。

111 C. A. Nelson, The Second Revolution in China, ABCFM, p.115.转引自：张忠正：《美国在华传教士对孙逸仙与辛亥革命的态度》，《近代中国》1998 年第 128 期，第 22 页。

112 李佳白：《中国果适用专制独裁乎》，《尚贤堂纪事》1915 年第 6 期第 10 册，第 14 页。

113 李佳白：《中国果适用专制独裁乎》，《尚贤堂纪事》1915 年第 6 期第 10 册，第 15 页。

114 李佳白：《本堂总理上大总统请复自治国会呈》，《尚贤堂纪事》1914 年第 5 期第 11 册，第 7 页。

115 严桢译：《艾迪氏之袁世凯观》，《大中华》1915 年第 10 期，第 7 页。

116 张忠正：《孙逸仙博士与美国：1894-1925》，广达文化事业有限公司，2004 年，第 251 页。

117 *The Annual Report of the American Board of Commissioners for Foreign Missions*, Boston: Congregational House, 1915, p.156..

认为袁氏拥护共和，其言："袁总统对余云：愿为美国华盛顿，不愿作法国拿破仑，开诚布公，足可表白天下，当年之华盛顿犹如今日之袁总统，意欲道寡称孤，易如反掌，又何劳诸君讨论国体耳。"[118]针对国体变更大讨论，李佳白还以《中国国体宜于君主民主之比较观》为题上书袁世凯，并在其主办的《尚贤堂纪事》上刊登《读大总统代行立法院宣言书书后》《变更国体异想天开》《中国果适用专制独裁乎》《论中国自古至今之君宪国体》等长文，力主中国应实行民主立宪国体。但最终袁世凯却改元称帝，令传教士极为失望，丁义华则发《致袁世凯书》公开质问袁，"此等变更，尚非其时，欲速则不达。"[119]在称帝 83 天后，袁世凯在举国反对下宣布退位、郁郁而终。许多在华传教士撰文对袁世凯一生给予评价，其帝制自为使推崇民主的传教士大失所望，痛惜袁世凯辉煌一生，最终败在实行帝制。然李佳白仍然极力为袁世凯辩解，认为复辟帝制的罪过不在袁世凯，而在于他身边的野心家的蛊惑，"首祸诸公，必迫项城于无可奈何，不得不尔……项城玉斗无瑕，晚年竟被他人打碎耳。"[120]。丁义华则对袁氏听信谗言登帝说反驳："实则自己作孽，授意奸人运动。"[121]英国浸礼会传教士莫安仁（Evan Morgan）在袁世凯死后刊发《论袁世凯》一文，也称："袁只有为私之心，而无为公之心，只知利己，不知利国。舍总统而为皇帝，虽曰有人劝进，然袁自己无反对为帝之心可断。"他还认为袁世凯失败原因有内外两方面，对外而言，"国体不定，党争不平，财政紊乱，外交困难，皆促袁氏失败之原因"，对内而言，"袁氏无忠爱国家之心，不务任用正人，不务亲信国民。"[122]李佳白也在《尚贤堂纪事》上连续刊发《对于袁前总统之回溯》和《论袁世凯》两文，对其一生功过给予总结，在国内报纸普遍批的袁世凯的倒行逆施情况下，李的文章却是溢美之词颇多。"数十年来，中国之举措大事，名扬东西，为各国人耳目之所习熟，常见诸文字议论间者，合肥李氏而外，唯项城一人。项城声驰五洲，全球景仰。"[123]美国美以美会传教士柏锡福（James W. Bashford）也为袁氏称帝进行辩护，将其原因归于议会政治的束缚："袁世凯具有领袖天才、坚定的意志和军事才干，总是想建立和保持一个强有

118 黄毅编：《袁氏盗国记》，文海出版社，1967 年，第 324 页。

119 黄毅编：《袁氏盗国记》，第 328 页。

120 李佳白：《论袁世凯》，《尚贤堂纪事》1916 年第 7 期第 10 册，第 14 页。

121 黄毅编：《袁氏盗国记》，第 328 页。

122 莫安仁：《论袁世凯》，《大同月报》1916 年第 2 卷第 7 号，第 5-6 页。

123 李佳白：《论袁世凯》，《尚贤堂纪事》1916 年第 7 期第 10 册，第 10 页。

力的政府，而不是议会政府。这种类型的人物更急于把事情办成功，而不是去考虑成事的方法。这种人对于议会政治所搞的辩论、拖延和妥协是不耐烦的。所以，袁世凯同克伦威尔一样，要恢复帝制也就不是不自然的了。"[124]基督新教主办的英文《教务杂志》也第一时间报道了袁世凯去世的消息，称"袁世凯曾是政坛上的风云人物，一度被认为是位强权者，但他却也是一个谜，外人很难理解他的真实想法。"[125]英国循道会传教士苏慧廉（William. E. Soothill）则对袁氏假意赞成共和，称帝而亡给予否定："袁世凯不是死在感激的人民心中，而是死于满族的空虚皇位上。对他而言，保卫共和国的誓言就像1898年忠于光绪帝的誓言一样，因为在他心里，他从来就不是一个共和党人。"[126]

　　近代来华传教士作为特殊群体，与袁世凯的基督教政策直接相关，自然也对其政策及其作为给予了积极回应。传教士对袁世凯的认识虽然存在分歧，但基本上是从寄寓希望到最终失望，这也同当时在华外交官、商人及记者等其他西人群体的态度相似。近代来华传教士深受西方现代文明的熏陶，普遍缺乏官场经验，对积极改革的袁世凯起初都抱有好感，部分传教士甚至建言本国政府支持袁世凯，大多认为袁氏乃是挽救中国危局的最佳人选。然而，袁氏的贸然称帝却让他们大失所望，当然也有少数传教士对袁世凯的独裁及复辟行为给予了辩护，这也与其与袁氏的私人关系有关。不可否认，来华传教士在华活动多年，已深谙熟悉中国官场政治，相比于当时的中国知识分子，对袁世凯的认识分析更加深刻。当然传教士寄望于袁世凯的上台执政，进而稳定中国形势，也存有为其在华传播福音提供便利的功利考虑。

　　袁世凯面对近代中国的西方基督教遍布华夏的局面，不同与顽固派的盲目排外，对基督教采取了保护、利用与限制的相结合的政策。袁世凯处理教案强调遵守约章，持平办理，对教民与传教士区别对待，试图约束传教士的不法行为，力争减少教案赔偿，一定程度上维护了国家利益，这也是其认同遵守现代意义上的国际法体现。同时，袁氏在不违背清政府总体政策的前提下，又适当适时调整对基督教政策，还利用西方传教士为新政改革服务，代表了当时与时俱进的开明政治家形象。与顽固保守排外的官员不同，袁世凯较早接触到西

---

124 James W. Bashford, *China: an Interpretation*, New York: The Abingdon Press, 1916, p.367-368.

125 "Editorial', *The Chinese Recorder*, July 1916, p.435.

126 William E. Soothill, *Timothy Richard of China*, London: Seeley, Service &Co. Limited, 1924,p.306.

方文明，虽然对基督教并无太多好感，但仍从维护国家稳定的大局出发处理基督教问题，其政策也顺应了历史发展的潮流，也赢得了西方国家与传教士的好感。

不可否认，袁世凯的政策为基督教在庚子之变后的空前发展提供了契机，迎来了黄金时代。在教会政策转变和民族主义情绪的影响下，袁氏在就任民国总统后，也加强了对基督教的限制和管理。但是，由于中国政治的动荡、不平等条约的存在，管理约束政策在实际操作层面仍流于形式，未取得实效。而近代来华传教士也出于扩展传教的需要及袁氏所体现出的对基督教友好态度，起初对袁氏抱有好感，还建议本国政府支持其就任民国总统，但最终对其称帝表示了失望。可以说，袁世凯与在华基督教始终存在着互有需求的关系，虽政治、时代环境在变化，但两者关系却始终紧密相连。

第二章 世俗与宗教之间：蒋介石与来华传教士（1927-1941）

  蒋介石作为民国历史上的风云人物，执掌南京国民政府二十余年，历来为学界所研究的热点人物。而蒋介石又是信奉基督教的国家元首，这在非基督教国家中十分少见，其与基督教的关系也开始得到学界关注，但学界对蒋氏与传教士的关系的研究仍显薄弱。[1]来华传教士作为近代社会中的特殊群体，也是蒋氏交往网络中的重要群体，双方联系颇为密切，而研究双方关系对深化民国时期中外关系史及基督教史的研究均有重要意义。本章拟利用中西史料，选取从蒋介石 1927 年执掌中国大权，到 1941 年太平洋战争爆发前作为研究时段，考察此时期蒋介石与来华传教士的互动交往，并关注来华传教士对蒋介石的看法，以求认识两者在宗教与世俗之间的复杂关系。

第一节　蒋介石与传教士的早期接触

  蒋介石的早期宗教信仰受母亲影响，比较倾向于佛教，其与基督教产生联系还是在北伐战争期间。在北伐期间，因非基督教运动盛行，为避免引起中外纠纷，蒋介石就曾要求军队保护传教士。1926 年底，蒋介石在讲话中就提及

---

1 目前相关研究有：张庆军、孟国祥：《蒋介石与基督教》，《民国档案》1997 年第 1 期；裴京汉：《蒋介石与基督教——日记里的宗教生活》，载《民国人物与民国政治》，社会科学文献出版社，2009 年；刘维开：《作为基督徒的蒋中正》，《史林》2011 年 1 期，但现有成果多关注蒋氏与基督教关系及其宗教生活，涉及蒋氏与传教士的交往的研究较少，史料也有待挖掘。

"南军与耶教并无龃龉，不干涉教会事业。"[2]1927 年 2 月 10 日，蒋介石又在江西发布公告："外人所有教堂、学校、住宅等处，随时加以保护，不得任意占驻。"[3] 蒋介石在 1927 年建立南京国民政府后，颁布一系列严禁干扰教会及归还教产的训令，使得非基督教运动最终停止。如在 6 月 5 日，蒋氏电令杭州市长，将杭甬各地官厅占据之青年会，饬全部交回，并予以保护。[4] 蒋氏此举也得到了传教士的拥护，他们陆续返回传教地。

　　1927 年底，蒋宋联姻后，蒋介石与基督教的关系更加紧密，也引起了传教士的广泛注意。美国传教士克拉克（Elmer T. Clark）曾写有《蒋氏家族》一书，有专章叙及蒋介石追求宋美龄及两人婚礼过程，提及蒋氏为与宋结婚而答应宋母学习圣经，还提及了蒋介石在开封战事中遇险，曾许诺若能脱险便皈依基督的传闻。[5] 蒋介石在执掌国民政府大权后，此后也多次接见外国来华传教士，支持传教士活动。1929 年 1 月，罗马教皇又派代表刚恒毅（Cardinal Celso Costantini）前来参加奉安大典，受到蒋介石接见。蒋氏表示虔诚欢迎，并致谢忱，刚恒毅也以法语致颂词。[6] 同年 10 月，基督教青年会第十一届全国大会在杭州之江大学举行，中西教士云集，蒋介石特此题词"信教自由"，并致贺词，称赞青年会在中国的飞速发展，肯定了其德、智、体、群四育工作，"其间进展之速，固不可以道里计。"[7] 蒋氏虽然与传教士表示友善，仍在世俗层面中的国家管理中，仍然限制传教士活动。如 1929 年 8 月 29 日，蒋介石政府颁布《私立学校规程》，内中规定：私立学校必须向政府立案，校长须以中国人充任，私立学校如系宗教团体所设立，不得以宗教科目为必修科，亦不得在课内作宗教宣传。[8] 该规定出台后，在传教士中引起极大反响，他们曾上书教育部要求取消此法令，但未获批准。同年 12 月 28 日，针对在华外人享有的领事裁判权，蒋介石还签署发布国民政府令，要求传教士在内的侨居中国的外人，应一律遵守中国中央政府及地方政府依法颁布之法令、规章。[9]

2　《蒋介石对外宣布政见》，《通问报》1926 年第 44 号，第 15 页。

3　《蒋介石严令保教堂》，《真光》1927 年第 26 卷第 3 期，第 67 页。

4　《中央要讯》，《申报》1927 年 6 月 6 日，第 4 版。

5　Elmer T. Clark, *The Chiangs of China*, Nashville: Abingdon-Cokesbury Press, p.78-84.

6　《教皇代表觐见蒋主席》，《兴华》1929 年第 26 卷第 21 册，第 19 页。

7　中华基督教青年会：《中华基督教青年会第十一届全国大会报告》，上海，1930 年，第 3 页。

8　《私立学校规程》，《总会公报》1929 年第 9 期，第 271 页。

9　外交部编：《管辖在华外国人实施条例案》，南京，1931 年，第 1 页。

蒋介石于 1930 年加入基督教，为民国教会历史上的大事，也加深了其与传教士的接触。经过数年对基督教的学习后，1930 年 10 月 23 日，蒋介石在上海正式受洗入教，监理会牧师江长川为蒋受洗，传教士霍约翰（J. C. Hawk）主持圣餐仪式，并组织赐福祈祷。[10]蒋介石在当日日记中曾称此次受洗原因为："答应实现岳母的愿望，以使其安心，并早日康复，所以决定受洗。"[11]在南京政府刚于 1929 年颁布对教会学校限制法令后，蒋氏的此次受洗入教，不只在当时中国报刊中产生论辩，在来华传教士中也引起了极大争论。有传教士对蒋介石受洗入教的政治意义评价很高，将此称为"蒋介石主席的勇敢行动"，说"他这个行动再次表明国民党现今领袖们与共产党间的破裂已达到多么根本性的程度。"[12]还有传教士认为此举会对基督教在华发展带来便利，美国传教士毕范宇（F. W. Price）早在 1925 年孙中山葬礼结识蒋介石，对其印象较好，曾说："对我们来说，在当时那个时代一个普通的中国学者入教都是件大事。而作为世界人口四分之一的国度的领导人入教的行动，则是带来的巨大惊喜。我们无法抑制住高兴之情……他的信仰可能会使很多人增强信心，看到光明，宗教自由政策更加稳固。"[13]美国的教会期刊《基督教世纪》专门刊文分析蒋介石的受洗，则认为不应对此给予高估，认为蒋氏入教除了个人的宗教信仰因素外，还有其借此获取西方好感，争取外国贷款的功利考虑，并强调蒋介石受洗，也是南京国民政府清洗中国共产主义运动的具体第一步，最后，该文建议各地基督徒不要对蒋氏受洗过于高兴。[14]在上海的部分传教士也对蒋氏入教持相当的怀疑，"认为与冯玉祥同样有背教的可能，且有一部分竟认为这是一种政治的行动。"[15]也有传教士期盼蒋氏信教，会改变对基督教的政策。如美国传教士高乐弼（Robert H. Glover）即刊文说："我们热切期待与盼望蒋主席在公开受洗入教后，国民政府会改变对教会学校的宗教教育实行限制的法令，并利于其他传教工作的开展。"[16]但蒋介石入教，并未对传教士的管理放宽，仍是服从于国家利益制定宗教政策。1931 年 5 月，蒋介石政府公布《管辖在华

---

10 "General Chiang Kai-shek Baptized", *The Chinese Recorder*, December.1930, p.803.

11 《蒋介石日记》（手稿本），1930 年 10 月 23 日，中国历史研究院档案馆藏。

12 W. P. Pills, "The Kuomintang and Religion", p.85.

13 P. Frank Price, "The President of China a Christian", *The Presbyterian Survey*, January 1931, p.26.

14 "Chiang Kai-shek Is Baptized", *The Christian Century*, November 5,1930,p.1336-1337.

15 （美）史诺等著，张雪怀译：《委员长生活漫记》，台湾文化印书馆，1945 年，第 32 页。

16 Robert H. Glover, "A Look Backward and Forward", *China's Millions*, January 1931,p.3.

外国人实施条例案》[17]，内中规定十二条，企图约束外人在华的领事裁判权，但实施日期一再后延，最后并未实行。作为外国公民的传教士，在华仍享有领事裁判权，直至 1943 年才废除。但蒋介石政府对传教士开办的教会学校的管理相对严格，并付诸于实践，迫使大部分教会学校在中国政府立案。

蒋介石入教后，对基督教颇具热忱，一直坚持个人宗教生活，多参加宗教聚会及礼拜，时也有传教士参与。据当时教会报纸报道，蒋氏每晨约有 1 小时读经灵修，每天祷告，每日下午短期家庭祈祷会。至在礼拜日，则有传教士到家举行特别礼拜式，中西名牧轮流讲道。[18]传教士关于蒋介石受洗的质疑，都被蒋介石在家中阅读圣经并举行祈祷的事实击碎。传教士多次提及蒋介石信仰的真诚性，并从此开始对他的政权褒扬有加。[19]1931 年时，"每周日晚，毕范宇等传教士常被邀请去主持祈祷会，领导祈祷默念。"[20]九一八事变后，蒋介石及夫人还发起为国祈祷，每日下午在孔公馆举行。1931 年 12 月 6 日上午，举行正式礼拜，蒋介石并国府要员，与首都教会中西信徒公同举行礼拜，请传教士毕范宇讲道。国家元首与信徒共在一地礼拜，诚为空前盛举。[21]美国传教士司徒雷登（John Leighton Stuart）曾点评对其宗教生活，肯定其虔诚信仰，"随着他领悟的逐渐深入，在教义与实践上都坚守这信仰……已将基督教变成对他指导，激励与道德提高的自觉来源。"[22]

蒋介石自受洗后，也多次接见来华传教士，展示对基督教的友善。随着蒋氏对教义研读，其对基督教的看法也逐渐改变。1931 年 4 月 14 日，蒋氏即在日记中反驳共产党将基督教作为帝国主义侵略工具说法，称："基督教乃世界性而不讲国界，故决不为任何一国帝国主义者所利用。"[23]同年底，因国难当前，蒋介石特接见南京、上海两地传教士，联络国际感情。12 月 2 日，蒋介

---

17 外交部编：《管辖在华外国人实施条例案》，南京，1931 年，第 2-3 页。

18 鲍哲芝：《蒋院长灵修一斑》，《中华归主》1936 年第 166 期，第 12 页；工文：《外人笔下之蒋介石夫妇》，《逸经》1937 年第 27 期，第 20 页。

19 Paul A. Varg, *Missionaries, Chinese, and Diplomats: the American Protestant Missionary Movement in China, 1890-1952*, Princeton University Press, 1958, p.248.

20 James Claude Thomson, *While China Faced West: American Reformers in Nationalist China, 1928-1937*, Cambridge: Harvard University Press, 1969, p.154.

21 鲍忠：《蒋主席与首都信徒公同礼拜之盛况》，《圣公会报》1932 年第 25 卷第 2 期，第 17 页。

22 John Leighton Stuart, *Fifty Years in China: The Memoirs of John Leighton Stuart, Missionary and Ambassador*, New York: The Random House Inc, 1954, p.121.

23 《蒋介石日记》（手稿本），1931 年 4 月 14 日。

石接见京、沪两地传教士 26 人，对于国计民生，教政诸方面加以咨询，藉收集思广益之效。[24] 是日下午，教士到紫金山，举办祈祷会后，蒋介石发言称："希望基督教对于吾国应尽量宣传，对于日人侵略东省之事亦有所表示。"传教士随后讲话，对蒋氏肩负国难表示同情，建议用基督教精神解决国难。晚间，蒋氏另在官邸设宴，美华圣经会总经理力宣德（George Carleton Lacy）呈送蒋主席及夫人英、汉文圣经各一册，此次会见长达五小时。[25]在江西反围剿期间，蒋介石把行营设在南昌，并在庐山牯岭租用美国美以美会的房子作为临时办公居住地，与该会教士长孙威廉（William R. Johnson）等比邻而居，多有接触。而蒋介石虽然限制教会学校传教，但却出于外交考虑，还数次访问教会学校，与各校教士多有接触。1932 年 11 月，蒋介石在宋美龄等陪同下参观湖南圣经学校，学校监督、美国教士葛荫华（Frank Keller）等参与接见，蒋氏还应邀发表讲话，并在学校就餐。[26]1934 年 6 月，蒋介石还应传教士邀请参加金陵大学毕业典礼并致辞，同年亦参观山西铭贤学校。此外，由于当时教会医院在技术上的优势，蒋介石亦曾赴长沙湘雅医院、北平协和医院等著名教会医院看病，由医学传教士为其诊病治疗。

当时在华传教士对蒋介石多持赞扬态度，肯定其统一国家，并致力于社会建设的努力，尤其在其加入基督教后，传教士的赞誉之声更多。然也有少数传教士提及蒋氏独裁及对中共政策，如美国传教士贝德士（M. S. Bates）曾说："蒋介石虽已经辞去国民政府主席职务，不再是独裁的首脑，这也是努力去防止权力集中，同时发展民主国家……但蒋介石仍是军事委员会委员长，仍然控制着中国，是中国最有权力的人。对于共产党问题，蒋介石认识到仅靠军事方法不足以解决问题，已经开始改善在华中地区当地政府与农村的条件，但这是一项艰巨工作。"[27]蒋介石对传教士的友善，也赢得欧美国家政府、官员的好感。如 1932 年 9 月 17 日，意大利远东海军司令巴琦在武汉与蒋介石会面时，曾专门对"保护彼邦传教士表示谢意。"[28]

---

24 张趾：《中国教会大事记》，《中华基督教会年鉴》第 12 期，中华全国基督教协进会，1934 年，第 188 页。

25 知白：《蒋主席邀西教士入京续闻》，《圣公会报》1932 年第 25 卷第 2 期，第 16 页；《蒋介石日记》（手稿本），1931 年 12 月 2 日。

26 《福音》，《布道杂志》1933 年第 6 卷第 1 期，第 5-8 页。

27 M. S. Bates, "The National Government", *The China Christian Year Book,* Shanghai: Christian Literature Society,1934, pp.7-13.

28 《意远东司令等，昨晋谒蒋委员长》，《中央日报》1932 年 9 月 18 日，第 2 版。

第二节　全面抗战前蒋介石与传教士的密切合作

来华传教士作为接受欧美现代文明的熏陶者，在传教的同时，也在中国致力于推进中国社会的改良，而蒋介石也看到了传教士在推进中国社会现代化中的作用，充分借助传教士为中国改革服务。而蒋氏与传教士亲善合作，还在于传教士背后所代表的英、美国家，蒋氏也希望通过传教士的说教宣传，为其获取西方国家支持，当然这也离不开宋美龄的密切配合。

蒋介石与传教士的合作，以 1934 年开展的新生活运动最为典型。1934 年 2 月，蒋介石在南昌发动新生活运动，此后蒋介石及宋美龄多次呼吁传教士与政府合作在各地开展该运动，其用意在于借助教会力量来扩大新生活运动的影响。1934 年秋，蒋介石夫妇在西北各省游历，期间多次接见传教士，希望他们参与新生活运动。10 月 14 日，蒋介石在西安接见外国传教士，蒋氏在谈话中赞扬传教士对中国所做出的贡献，认为其推行的社会福利事业与新生活运动相结合，并呼吁他们对新生活运动应尽力协助之，希望与彼等密切联络推诚合作，还推选出一个代表该市各传教机构的委员会来敦促这一运动。[29]10 月 23 日，蒋介石在开封再次接见传教士，解释新生活运动宗旨，并称反对基督教的时代已经过去，"现任政府的政策是对传教士的工作给予最大的自由，并与他们合作。"[30] 同年 11 月，蒋介石夫妇在太原再次接见天主教、新教传教士代表，重申希望传教士参加新生活运动。[31]1935 年 3 月 18 日，蒋介石还接见重庆各耶稣、天主教士代表，并专门发言称："新生活运动，有赖各教士之赞助，方可望其易于推行。"[32] 天主教、新教两派还当场推选了新运推行主任，作为对新生活运动支持。同年，蒋介石在成都召见传教士及中国教徒代表，其在致辞说："尤希我教会能共同合作，多有事业贡献社会，使教会在社会上地位增高。"[33]1935 年，蒋介石新生活运动促进会总会干事会议演讲，曾称："教会里的外国人，多半各有专长，若是拿钱聘请，一个月三五百元也请不到。现在他们情愿帮忙，当然没有不用的道理，所以各地新生活运动当和青年会或教

---

29 《蒋委员长希望我教会西国同工参加新运》，《中华圣公会福建教区月刊》1935 年第 2 卷第 1 期，第 30 页。

30 Emily Hahn, *The Soong Sisters*, New York: Garden City Publishing Co, INC, 1941. p.190.

31 The Present Situation: Missionaries and New Life Movement", *The Chinese Recorder*, January 1935, pp. 61-62.

32 《蒋委员长邀请重庆教士协助新运》，《我存杂志》1935 年第 3 卷第 4 期，第 60 页。

33 宅三（寄）：《召蓉教会领袖茶会》，《真光杂志》1935 年第 34 卷第 10 期，第 68 页。

会联络合作。"[34]蒋氏在绥远等处时，亦尝邀请公教传教士，以宗教精神协助推进新生活运动。公教之报章，亦尝为有力之倡导宣传与推进。[35]可以说，蒋介石在各地对传教士的讲话，极大地激励了他们参与新生活运动热情，使得各地传教士积极配合新生活运动开展，在当时的教会报刊也给予了大量宣传。

　　蒋介石发起的新生活运动，因其一部分目标颇与基督教事业之目标相吻合，且为基督教会素日所注重[36]，他们对蒋氏此举也多有肯定。1934年，美国传教士瑞保罗（Paul Reynolds）在一封信中写道："蒋介石夫妇向我们寻求建议特别是请我们与之合作推进新生活运动。这样他们拒绝鸦片、拒绝受贿、拒绝赌博和不道德的行为，提倡一种更简单的……有牺牲精神的生活。他们的真诚以及投入工作的精神渴望给我们留下了很深的印象。"[37]而蒋介石发动新生活运动，也有赢得西方国家援助的目的，传教士对此也有认识。1934年夏，宋美龄在庐山接见英美传教士时，他们也谈及了对蒋介石的看法，"蒋介石现在控制着中国的大部分，但是其一切关于统一和进步的讲话，民众都无法理解。如果南京希望得到外国政府的支持和贷款，蒋氏必须首先提出明确的社会福利计划，以给在中国的外国人留下深刻印象。"[38]1934年秋，中华基督教青年会全国协会又请美国著名布道家艾迪（Sherwood Eddy）来华布道演讲，艾迪在各地演讲中，也是积极歌颂蒋介石，尤其肯定其开展的新生活运动，认为其用意甚好。艾迪到南昌后，还于11月17日受到蒋介石亲自接见、宴请，艾迪畅谈如何振兴中国，并送蒋氏夫妇一本英文圣经节要，蒋氏则让艾迪乘坐其自备飞机参观，还训令各地官员去听艾迪演讲，但也对艾迪提到："彼乃为彼国家宣传，而未知我国之处境也。"[39]

　　在此时期，蒋介石继续加强同各教会团体及教士交往，作为国民政府外交的重要组成部分，也为赢取西方国家的好感与支持。1934年6月12日，因长沙医院负伤官兵精神空虚，蒋介石还命令嗣后各院准由各地教土随时到

34　《蒋委员长提倡新生活运动应当和教会合作》，《通问报》1935年第19号，第6页。

35　《蒋委员长讲演：耶稣基多的精神》，《我存杂志》1935年第3卷第6期，第30页。

36　中华全国基督教协进会：《中华全国基督教协进会第十届大会报告》，上海，1935年，第33页。

37　Paul and Charlotte Reynolds, "Letter to American Board Office", *Fenchow*, November 1934, p. 4.

38　Sterling Seagrave, *The Soong Dynasty* , New York: Harper & Row,1985, p.290.

39　谢颂羔编著：《艾迪集》，广学会，1935年，第17-25页；黄自进、潘光哲编：《蒋中正总统五记：困勉记（上）》，台北"国史馆"，2011年，第432页。

院宣讲教理,并各该院医官及政训人员等与之合作,竭力协助。[40]蒋氏自 1935年底任行政院长后,常驻南京,又恢复停顿的礼拜聚会,请中西同道主领,传教士多有参加。[41]随着蒋氏与传教士的交往,其对基督教也越加认同。1935年 5 月,蒋氏在日记中曾称:"英、法帝国主义者利用基督教会,引诱边民,此乃帝国主义者之不道,而非基督教本身之违反教理也。"[42]同年 6 月 9 日,蒋介石暨夫人致电挪威奥斯陆举行的普世主日学联合大会,"承认基督教在既往与现今,对于中华满足确有綦大贡献,并深信我中华基督教会对于普世基督教团契,亦将有千百倍之贡献焉。"[43]是年 11 月,代表中国出席此次大会的中华基督教宗教教育促进会致函蒋介石表示感谢,称其贺信在会上反响强烈,"不但各代表得受良好印象,且各国报纸竟将公之大示,特予广播,备极赞扬。"[44]1936 年 6 月,还电令派往灾区放款人与当地耶稣教会切实联络。[45]1936 年 10 月 31 日为蒋介石五十寿辰,天主教在华意大利籍主教蔡宁(Mario Zanin)代表全体教友拍电祝贺,表示诚挚贺意,为其祷告造物赐以福寿康宁。[46]天主教在上海的惠主教则呼吁星期日为领袖公行祈祷,故 11 月 1 日上海各堂举行祈祷,贵州天主教堂也于同日举行大礼弥撒,为蒋院长寿辰祈祷。[47]1937 年 3 月 26 日,美以美会华东区年会在南京举行,蒋介石应传教士邀请发表证道词《耶稣受难予之教训》,并派黄仁霖代为宣读,阐释其基督宗教观,叙及蒋氏对基督教的看法及宗教体验,尤提及西安事变中基督教信仰对其的帮助,受到传教士高度关注,部分基督教外文期刊甚至全文翻译了蒋氏的证道词。

值得一提的是,因蒋介石在社会改革上,与社会福音派传教士所追求目标相近,故与美国公理会传教士牧恩波(George W. Shepherd)交往甚密。1933

40 《蒋委员长训令劝军人信基督教》,《兴华》1934 年第 31 卷第 27 册,第 30 页。

41 《蒋院长举行祈祷会》,《金陵神学志》1936 年第 18 卷第 2 期,第 58 页。

42 黄自进、潘光哲编:《蒋中正总统五记:学记》,台北"国史馆",2011 年,第 86 页。

43 《蒋委员长暨夫人致普世主日学联合大会贺词》,《金陵神学志》1936 年第 18 卷第 4 期,第 9 页。

44 《促进会答谢蒋委员长公函》,《宗教教育季刊》1937 年第 1 卷第 1 期,第 41 页。

45 朱文原主编:《蒋中正总统档案目录》,台北"国史馆",1998 年,第 653 页。

46 《蔡总主教电贺蒋院长寿辰》,《公教进行旬刊》1936 年第 8 卷第 26 期,第 823页。

47 《天主教各堂为蒋院长祈祷》,《圣公会报》1936 年第 29 卷第 22 期,第 28 页;《贵阳天主教堂为蒋院长祈祷》,《公教进行旬刊》1936 年第 8 卷第 30-31 合期,第 977 页。

年 10 月，全国基督教协进会召集牧恩波等部分传教士在南昌开会，商讨江西的基督教农村建设问题，成立了江西基督教乡村服务联合会，蒋介石夫妇也应邀出席[48]，并表示将会对此计划给予经费支持。翌年，出任该会总干事的牧恩波即在江西筹划成立了黎川实验区。1935 秋，牧恩波赴南京会见蒋介石，商谈获取支持江西实验区的计划，并一起参加周日祈祷聚会，蒋氏对他的活动表示鼓励。[49]1936 年，蒋介石更是赠送牧恩波一辆福特汽车，后聘请其为新生活运动顾问，其还多次向蒋氏提供改善农村现状的建议。当时国民政府的外籍顾问之前并无人在政府中担任行政职务，但 1936 年蒋介石任命牧恩波担任某专门委员会的领导人，并赋予他实际执行权，其成了国民党同传教士之间以及通过传教士同西方国家之间的联系人。1937 年，牧恩波更是出任中美谈判时的秘书，并与美国驻华大使詹森（Nelson T. Johnson）会晤，向其介绍蒋介石之为人，以便获得其对蒋介石的支持。这样既拉近蒋介石与教会之间的距离，也有利于改善国民政府与西方国家之间的关系。牧恩波当时曾评价蒋氏说："蒋介石是个没有朋友的孤独统治者，与他属下官员的关系并不亲密……但他是真正的革命者，想从根本上阻止腐败，从根本上对中国进行全面革命。"[50]

蒋介石在抗战全面爆发前，已通过新生活运动及对传教士的友善，获得了大多数传教士的支持。1936 年底，西安事变发生后，传教士多为蒋氏祈祷，呼吁张学良释放蒋介石。中华基督教会全国总会通电全国各地教堂于 12 月 20 日为委员长及国难祈祷，希望化除凶戾，实现祥和。[51]当时传教士对此事件多有评论，传教士威尔逊（Stanley A. Wilson）曾写道："虽然此次事件是对中国统一的巨大威胁，但是通过蒋介石的完美领导，将各部分力量联合，为中国进步提供了新的动力。"[52]1937 年初的教会期刊《国际宣教评论》则说："蒋介石比在以前任何时代更安心，在以前大部分国土可能未经抵抗而落入日本。蒋介石的妥协精神，使得他不受欢迎，民众正询问他这种精神是不是自我屈服的表

48　"Christian Rural Project in Kiangsi"，*The Chinese Recorder*, January 1934, p.61.

49　James Claude Thomson, *While China Faced West: American Reformers in Nationalist China, 1928-1937*, Cambridge: Harvard University Press, 1969, p.175-176.

50　James Claude Thomson, *While China Faced West: American Reformers in Nationalist China, 1928-1937*, Cambridge: Harvard University Press, 1969，p.193.

51　《中华基督教会电传全国教堂为蒋委员长代祷》，《中华归主》1937 年第 172 期，第 12 页。

52　Janet E. Heininger, *The American Board in China: The Missionaries' Experiences and Attitudes, 1911-1952*, Thesis of the University of Wisconsin, 1981,p.243.

现。"[53]当时司徒雷登曾专门在 1937 年的英文《民主》杂志刊文介绍蒋介石，对蒋介石统治的南京政府前十年比较肯定，并对蒋氏充满了崇敬之情，曾称："尽管在 1927 到 1937 年间，存在与共产党的战争及日本侵略，但国家却取得了进步性的统一。此时期经济迅猛发展，其他方面也有显著成就，这些都是人所共知地。"[54]1937 年，在中国教会大学联席委员会议上，齐鲁大学校董会董事长威尔森（Wilson）发表演说，对蒋介石之基督教忍耐精神，亦称颂不止，谓可于西安事变中得一明证。[55]加拿大传教士文幼章（James G. Endicott）在西安事变后，虽不看好屠杀共产党的蒋介石能真正实现国共合作，但认为蒋介石是当时中国最有能力的人，任何运动缺少了他，都会分崩离析。[56]1937 年 6 月，曾多次见过蒋介石的美国传教士威尔勒（W. R. Wheeler）在《基督教世纪》杂志上专门刊发题为《蒋介石》的文章，从外貌、性格及政治、宗教生活等方面向西方读者介绍蒋介石，尤叙及蒋宋联姻及西安事变。他把蒋介石作为政治领袖的才能和美国总统罗斯福相提并论，认为他是唯一可以使中国保持稳定的领导人。[57]

然而，蒋介石虽然积极号召传教士参与新生活运动，双方一度呈现出和谐相处的局面，但蒋氏仍从维护国家利益出发，继续加强对传教士及基督教的管理。如蒋介石政府于 1935 年颁布了《指导外人传教团体办法》，内中规定："外人传教团体的总会须在办法颁布后四个月内，向中央党部登记，登记后再呈请所在当地政府备案；各团体如违反该法规定，由政府依法取缔。"[58]但是政府对此规定的执行却不力，甚少有外国传教团体向国民政府登记备案，也未有政府取缔外人传教团体的事件发生，这也与传教团体的外国背景有关。

第三节　抗战全面爆发后的蒋介石与传教士

1937 年 7 月，随着抗日战争的全面爆发，由于日本尚未同英、美开战，

53　"A Survey of the Year 1936", *The International Review of Missions,* January 1937,p.16.

54　John Leighton Stuart, *Fifty Years in China: The Memoirs of John Leighton Stuart, Missionary and Ambassador,* New York: The Random House Inc, 1954,p.118.

55　《英人盛赞孔蒋基督教精神》，《兴华》1937 年第 34 卷第 19 册，第 28 页。

56　Stephen Endicott , *James G. Endicott, Rebel out of China,* Beijing: Foreign Languages Press,2004,p.168.

57　Reginald Wheeler, "Chiang Kai-Shek", *The Christian Century* , June 16,1937, p.773-775.

58　中国第二历史档案馆编：《中华民国史档案资料汇编》第五辑第一编：文化，江苏古籍出版社，1994 年，第 1030-1032 页。

两国传教士得以继续在中国活动。蒋介石此时继续同传教士合作，借助他们的优势，在国外宣传国际抗战，并获取英美对中国的支持，甚至将传教士作为中日谈判的中间人。而传教士本着基督的博爱与正义精神，也积极支持中国抗战，并肯定了蒋介石作为大国领袖的地位，蒋氏在传教士心中的合法性地位得以巩固。

抗战全面爆发后，蒋介石在后方仍然多次支持传教士活动，肯定传教士对中国的贡献。不可忽视的是，蒋介石与传教士的交往，还要依赖于同是基督徒并精通英语的宋美龄的中间人作用，宋美龄也多次在接见传教士时，为蒋介石宣传。1938 年 4 月，武汉基督教祈祷会举行时，宋美龄应邀演讲，其转达了蒋介石对传教士的感谢，尤其提及到："蒋委员长已发现有取消以前禁令的必要，此后立案的各教会学校，可以教授宗教课程了。"[59]这也是蒋介石对基督教政策的重大松动，也有其示好传教士来获取英美国家对中国抗战支持的考虑。1938 年 4 月 16 日，蒋介石还应邀在武汉发表了《为什么要信仰耶稣》的广播词，也受到了传教士的广泛关注，坚定了其对蒋介石的支持。1939 年 1 月，蒋介石还专门嘉奖由基督徒、传教士组成的重庆基督教负伤将士服务会，肯定其救助负伤将士的努力，希望其益宏毅力，扩展工作。[60]同年 2 月 21 日，蒋介石还接见北美浸会宣教总干事德惠廉（John W. Decker）与上海协进会高等教育组干事葛德基（E. H. Cressy），对基督教在华工作表示谢意，感谢世界各地基督教教友援助我国被难同胞。[61]1939 年，传教士文幼章还被蒋介石聘为四川新生活运动的顾问，但后因不满国民党的腐败而辞职。[62]1940 年重庆召开青年会全国大会时，13 省的中西教士云集，蒋介石派代表致辞，赞扬了青年会对中国的贡献，希望其在扩大军人服务、推行新生活运动、推动禁烟运动等三项工作上为中国服务。[63]

太平洋战争爆发前，蒋介石还与多名传教士有密切接触，并借助他们的力量为中国抗战出力。1938 春，燕大校长、美国传教士司徒雷登在汉口会见

59　宋美龄：《蒋夫人言论集》，国民出版社，1939 年，第 43 页。

60　《蒋委员长嘉奖基督教负伤将士服务会》，《中央日报》1939 年 1 月 11 日，第 4 版。

61　《蒋委员长代表全国致谢各国教会团体文》，《真光杂志》1939 年第 38 卷第 5 期，25 页。

62　Stephen Endicott , James G. Endicott, *Rebel out of China*, Beijing: Foreign Languages Press,2004,p.183.

63　"National Conference of Y.M.C.A General Secretaries in China", *The Chinese Recorder* , August 1940 ,p.532.

蒋介石，商谈国事。1939-1941 年，司徒雷登多次在重庆会见蒋介石，作为中间人，商谈中日之间的妥协，但最终未果。蒋介石曾提及 1940 年 3 月 11 日会见司徒雷登，称"今日与司徒雷登谈时，有骄矜失言之过，戒之。"[64]时美国传教士毕范宇在成都尝与蒋介石共进晚餐，并与其谈美国关于中国抗日的看法，探讨宗教生活，提供改革中国的方法，关系日益紧密。1940 年，毕范宇受命出任成都编辑委员会主任，该委员会由部分传教士与外国人组成，担任英文书刊翻译工作。后毕范宇也曾被蒋氏要求组织中国译员训练班，为军队服务，并在美国报刊宣传中国抗日，聘为政府顾问。而在天主教士方面，此时期蒋介石与比利时的天主教神甫雷鸣远（Vincent Lebbe）交往甚密。雷氏曾组织参与前线战地救护工作，1938 年 9 月 8 日，蒋介石在重庆召见雷鸣远，谈话中蒋氏钦佩其正义而奋斗的精神，与其商讨天主教护教保国问题。[65]两人在多次讨论之后，决议建立"华北战地督导民众服务团"，雷氏出任该团主任，其任务为"去组织沦陷的民众，使他们在敌人统治下，至少坚持忠贞不变，不跟敌人合作。"[66]1940 年，因雷氏病重，蒋介石派专机将其迎至陪都重庆，旋即住进医院，蒋又两次电话慰问，还向医院询问病况，并筹拨医费。但雷氏终于同年 6 月因病去世，蒋介石又专门派人负责其安葬事宜。是年 11 月 29 日，雷鸣远追悼大会举行时，蒋介石以雷氏功在国家，特派商震代表其宣读祭文，致送挽联花圈。[67]

日本发动全面侵华战争后，许多西方传教士公开支持蒋介石，蒋氏在他们心中形象也达到顶峰。1938 年 3 月 6 日，中华基督教全国联合会在汉口成立，中外牧师与教徒参加，宣布一致拥护政府及最高领袖，并推举蒋介石为会长[68]，以增强该组织的影响力。同年，世界基督教大会在印度举行时，出席会议的传教士曾称赞蒋介石说："蒋委员长信奉基督教，对于教会在华布道影响甚大，彼反对教会者，今不复能斥之为帝国主义侵略之先锋矣。国民党近取消学校中教授宗教课程之禁令，最是注意。"[69]毕范宇 1940 年还在《基督教世纪》上刊

64 黄自进、潘光哲编：《蒋中正总统五记：省克记》，台北"国史馆"，2011 年，第 167 页。

65 《抗战老人雷鸣远司铎》，耀汉小兄弟会，1947 年，第 17 页。

66 雷鸣远：《雷鸣远神父书信集》卷一，天主教耀汉小兄弟会，1990 年，第 474 页。

67 《蒋委员长挽悼雷鸣远神父》，《新南星》1941 年第 7 卷第 1 期，第 28 页。

68 《中华基督教全国联会成立》，《公教周刊》1938 年第 9 卷第 43 期，第 13 页。

69 《基督教举行世界大会》，《真光杂志》1938 年第 37 卷第 12 期，第 68 页。

文介绍 1939 年与蒋介石见面的情形，给予蒋氏高度评价："蒋介石仍毫不动摇坚持抗战，直至日本士兵从中国撤退，他坚信中国将最终重获自由，并把中国的各团体、党派联合起来抗战，并致力提升国民的道德。"[70]美国传教士米勒（Basil Miller）在 1943 年曾著有《蒋介石夫妇：中国基督教的解放者》一书，详细介绍蒋介石的政治、军事生涯及婚姻、宗教生活，在书中米勒赞美蒋氏夫妇为基督教的解放者，坚信他们将挣脱中国民众世俗的束缚，现在披戴愚昧枷锁的成千上万中国人正在高唱自由民之歌，蒋氏夫妇正在用心血写就解放宣言。[71]而蒋介石在抗战全面爆发后，仍然坚持每天的宗教活动，为中国前途祷告，其在《日记》中也多次引用《圣经》篇章，这也受到了传教士的肯定。美国传教士黄安素（Ralph A. Ward）曾参加过蒋氏的祈祷聚会，其在 1940 年叙述了蒋介石夫妇每日坚持读经祈祷，并提及他们在面对日军空袭时，体现出的对基督教的真诚信仰。[72]到 1941 年底，随着太平洋战争的爆发，英美传教士多被日军囚禁或回国，少数继续在国统区活动，他们与蒋介石的交往也趋于低潮，直至抗战胜利后才逐渐恢复交往，本章不再赘述。

　　蒋介石作为世俗国家的领袖，自受洗加入基督教教后，关于其信仰的真实动机，自当时直至现在仍是学界争论的话题。而自然牵涉到蒋介石与传教士的交往，蒋氏的动机自也有多重考虑。作为国家元首的蒋介石，也看到传教士背后代表的英、美国家，其与传教士的亲善，除了宗教因素及借助他们的优势为国家建设服务外，自然有获取西方国家支持的一面，故对传教士的礼遇也高于中国基督徒。但是作为民族主义者的现代国家领袖蒋介石，在宗教信仰与国家利益之间抉择时，仍会倾向后者，故又采取教会学校立案等诸多限制基督教的政策，两者并无矛盾之处，从根本上服从于其对外政策。当然，在蒋介石与传教士交往过程中，宋美龄所起的穿针引线作用也不可忽视，两人亦多次共同会见传教士。

　　深受西方现代文明影响并奉行政教分离的传教士，其来华最主要的工作乃是传播福音，却与政府元首多有交往，参与了诸多蒋介石政府组织的世俗活

70 F. W. Price, "As I See the Generalissimo", *The Chinese Christian Student*, February-March,1940,p.3.

71 Basil Miller, *Generalissimo and Madame Chiang Kai Shek: Christian Liberators of China*, Michigan: Zondervan Publishing House,1943, p.8.

72 Roy. L. Smith, "Air Raid Sand Family Devotions", *The Chinese Christian Student*, April 1940, pp.3-4.

动。而传教士接近蒋介石，当然也有获取国家元首支持，进而为传教创造有利条件的功利考虑，其对蒋介石的认识也带有主观性。而在蒋介石执政前期，基督教在华也确实逐渐走出非基督教运动的阴影，教务重新复苏，也缘于蒋氏支持的缘故，基督教在抗战前十年中有关改良社会、乡村建设等方面的贡献突出。同时，因蒋介石的政府居于"正统"中央政府的地位，蒋介石也改奉基督教，故获得多数传教士的支持。来华传教士对蒋氏在推动国家统一及中国现代化的改革给予了积极响应，但少数教士对蒋氏的独裁专制行为进行了批评。概而论之，蒋介石与传教士之间存在互有需求的关系，两者虽然存在争论与分歧，但共同为自己所追求的目标，在宗教与世俗之间选择了融洽相处。

第三章　从华北基督教看 1927-1937 年的政教关系

近代基督教入华后，因受到不平等条约保护，传教士迅速遍及全国各地，侵损了中国政府的权威，打破了中国古代传统的政教关系。进入民国后，北京政府仍然允许基督教的传播，但在非基督教运动时期，随着反教运动及"收回教育权"运动的发展，导致政教关系进入紧张阶段。南京国民政府成立后，基督教在华活动过程中，仍然受到政府管理、民族主义、战争、灾荒等诸多因素影响，但基督教仍然积极融入中国社会，结交中国官员，国民政府也在调整基督教政策，双方试图改善政教关系。目前中国基督教史研究方兴未艾，但学界多是关注基督教在华的布道、教育、医疗及慈善事业，对其与政府的关系研究较为薄弱。本章试图以华北基督教为考察对象，利用国民政府档案及教会报刊等中外资料，对教会学校管理问题、政府的基督教政策及基督教与政府的交往等进行分析，进而认识考察 1927-1937 年间华北基督教与中央、地方政府间的复杂关系。

第一节　教会学校管理问题

自非基督教运动开始出现的"收回教育权"运动，在南京国民政府时期继续付诸实施。国民政府不断加强对教会学校的管理，也对教会教育产生了直接冲击。因教会学校游离于国民政府的管辖之外，国民政府大学院 1927 年曾向各地教会学校发出《教会学校调查表》，要求各教会学校向当地教育行政机关填报此表，汇报有关学校的学生、教职员、经费等基本情况，华北各教会学校多按要求进行了填报。大学院 1927-28 年还先后颁布了《私立大学及专门学校立案条例》《私立中等学校及小学立案条例》及《私立学校条例》，其核心内容是要把教会学校纳入了中国私立学校的管理体系中，要求外国教会学校在中国立案。特别是在限制教会学校传教方面，教育部 1929 年 4 月公布的《宗教团体兴办教育事业办法》中规定，为传播教义设立的学校招生者，不能使用学制系统内的各级学校名称[1]，也就是禁止教会学校作宗教宣传。同年 8 月 29 日，教育部又颁布《私立学校规程》，内中第一章第五条规定："私立学校如系宗教团体所设立，不得以宗教科目为必修科，亦不得在课内作宗教宣传。学校内如有宗教仪式，不得强迫或劝诱学生参加。在小学并不得举行宗教仪式"[2]，并规定必须由中国人担任校长，在当地政府立案，这给教会学校带来了极大挑战。而教育部及各地政府在对此政策的执行过程中，也要求甚严。

　　教会学校在立案时，也不断与教育部及当地政府交涉，希望尽量维护学校的宗教利益。1930 年 6 月，中华基督教会、美国公理会、信义会等 15 个外国在华教会曾联名上书教育部，请求教会学校的宗教自由，希望各级学校得设宗教选修科目，小学可举行宗教仪式。[3]但同年 7 月 17 日，教育部长蒋梦麟专门回复，分四条给予驳斥，认为此非对基督教一教为然，而且应保护儿童的自由选择宗教权利，去除宗教课程对教会发展并非影响巨大，宗教也非现代科学教育所必需。[4]因教会学校不断向政府抗议，教育部与地方政府间也不断交涉。1929 年 10 月，教育部在答复山东省教育厅厅长何思源的公函时，进一步指出："中学内得设宗教科目为选修科，应限于高级中学。又宗教仪式，不得以任何办法威迫或利诱学生参加，并不得于校内一般的集会时举行。"[5]当时各地对立案问题执行甚严，1930 年，山东省政府教育厅发布训令，教会学校无论立案批准与否，凡系教会学校，均由当地教育行政机关随时严查，有无压迫或

1　《教育部颁布之宗教团体兴办教育事业办法》，《中华基督教会全国总会公报》1930 年第 2 卷 4-5 期，第 446 页。

2　《私立学校规程》，《总会公报》1929 年第 9 期，第 271 页。

3　"Petition for Religious Liberty in Education", *The Bulletin of the National Christian Council*, No.36, July, 1930, pp.6-8.

4　"Some Present Day Problems", *The Chinese Recorder*, September 1930, pp.594-599; "China Issues Final Decree Against Religion in Mission Schools", *The Christian Century*, Vol. XLVII, NO.36, September 3, 1930, pp.1051-1052.

5　《令山东省教育厅长何思源》，《教育公报》1929 年第 1 卷第 11 期，第 59 页。

引诱学生上圣经班及作礼拜等情事[6]。但地方上的严厉举措，也导致部分教会学校出现学生罢学或学校停办等风潮，部分学校对上述规定也是阳奉阴违。为了加强对教会学校管理，落实教会学校"不得作宗教宣传，并不得以宗教科目为必修科"的规定，1930 年 2 月，教育部还发布《查察教会学校应行注意各点》，通令各地教育厅对于教会学校的党义教育实施、中小学宗教选修科的开设、学生课外参加宗教仪式的情况进行详细检查，并对违规情况进行取缔，以重教育而保国性。[7]同年 11 月，教育部又发布《取缔教会学校宣传教义令》，要求各地教育厅局切实注意教会学校宣传教义，重申不得将宗教设为必修课，不得在课内作宗教宣传，强迫学生参加宗教仪式，如有违背情事，应即严加取缔[8]。虽然国民政府对教会学校进行了严格的限制，但在执行过程中，因受制于其为外国开办的因素，实际管理仍比较松散。

因政府要求教会学校立案，而教会学校却反应消极，又再次激起民众收回教育权的反基督教运动，时有破坏教会正常教务的事情发生。如 1930 年，美国南浸信会的崇实中学因未立案导致学潮，进而停办，部分激进学生更是发生扰教行为。美国驻华公使 1930 年 8 月还致函外交部，要求保护房屋及美籍教员生命，外交部为此请山东省政府加以保护。[9]在此时期的这类扰教行为，多是地方党部借机鼓动民众反教，而且感到自身儒家文化受到基督教文化强烈挑战的知识分子反教情绪强烈。受传统文化思维定势，部分政府舆论及官员仍然将基督教及其开办教会学校当做文化侵略工具，如 1930 年时，齐鲁大学因与罢工的工友交涉未果，曾有停办大学，改为乡村师范之议，虽然此举未果，但国民党中央机关报《中央日报》却称齐鲁大学此举为变更文化侵略方法，"在养成惟外人是听之顺民，以便任其宰割，任其鱼肉。"[10]

教育部为促使教会学校立案，在 1930 年 8 月曾通令专科以上学校禁止招收未立案学校学生[11]，以要求各教会学校尽快立案。然各学校在执行过程

6　《山东省政府教育厅训令》，《山东教育行政周报》1930 年第 75 期，第 1 页。

7　《教部通令对于教会学校注意各点》，《申报》1930 年 2 月 12 日，第 12 版。

8　《取缔教会学校宣传教义》，《江苏省政府公报》1930 年第 608 期，第 6-7 页。

9　《中美往来照会集（1843-1931）》第 19 册，广西师范大学出版社，2006 年，第 192 页。

10　《齐鲁大学改办乡村师范，变更文化侵略方法》，《中央日报》1930 年 2 月 15 日，第 3 张第 4 版。

11　《教部通令各大学禁收未立案学校学生》，《青岛民报》1930 年 8 月 31 日，第 4 版。

中，仍通过举行报名考试的形式，招收部分未立案高中毕业生或转学生，如1930年，因燕京大学招收了部分未立案中学的毕业生，教育部曾训令北平教育局查实，并将不符合资格的9人勒令退学。[12]但因教会学校招收未立案中学毕业生的现象仍屡禁不止，1934年7月，教育部再次重申前令，"各该校不得招收未立案之专科以上学校转学生，未立案之中等学校升学生，如再违令招收，本部不予认可。"[13]但此通令真正执行起来甚难，此举仍然很难被完全禁止。

因未立案学校的毕业生得不到政府承认，而部分教会学校的迟迟不立案，导致学生出路无法得到保证，也引发了学潮。故当时山西、山东、北平，天津、河北等华北各地的大多数的教会学校在学生及家长的压力下，都选择了立案，如北平的育英、崇实、崇德、贝满、培华、汇文、笃志等教会中学在1930年3月均已立案[14]。燕京大学与齐鲁大学这两所著名的教会大学，自1929年开始申请立案，在历经波折，并将神学院分离后，也都得以在1931年获准立案。在大部分教会学校在政府立案的形势下，官方还不断加强对教会学校的日常管理。各地教育厅经常派视察员到教会学校进行检查督导，查看对于政府规定的落实情况，对于不合格之处进行限期整改。1933年10月，国民政府又颁布《修正私立学校规程》，进一步规定外国人不得在中国境内设立教育中国儿童之小学，私立学校开办三年未经立案者，主管教育行政机关得令其停办[15]，进一步加强了对教会学校的限制，但在实际落实过程中，教会小学仍得以继续开办，仅在学校立案问题上执行较严。但英国浸礼会等少数差会在华北的学校则拒绝立案，而是将部分中学停办，而以神学院名义继续办学。故在1934年9月，教育部又发布《限制宗教团体设立学校令》，继续要求宗教团体如设置机关传习教义，概不得沿用学校名称，并不得仿照学校规制，编制课程，招收学龄儿童及未满18岁之青年。[16]但实际此规定执行却不力，华北各神学院照旧招生，并有意与政府管理保持距离。

---

12 《教部驳斥燕大新生入学资格》，《中华基督教教育季刊》1930年第7卷第1期，第88-89页。

13 《未立案学校学生各校不得招收》，《福建教育周刊》1934年第198期，第31页。

14 《北平特别市市立即私立立案各中等学校一览表》，《北平特别市市政公报》1930年第54期，第8页。

15 教育部编：《教育法令汇编》第1辑，商务印书馆，1936年，第343页。

16 教育部编：《教育法令汇编》第1辑，商务印书馆，1936年，第385-386页。

值得注意的是，各教会学校立案后，又按照教育部规定统一开设了党义课程，并每周一举行总理纪念周活动，学习三民主义、五权宪法、民权初步等内容，在教会学校推行党义教育，部分学校还成立党义教育研究会，这也是政府实施对教会学校控制的重要体现。实际上传教士本身对于校园内政治仪式十分抵触，尤其对于孙中山的个人崇拜纪念，认为也与基督精神也违背。如当时在山东瑞华中学任教的瑞典传教士曾言："如果立案代表着不再上宗教课，这个我可以接受，但是如果立案后要举行各种政治集会的话，那么我是绝对不会接受的。"[17]而实际在党义教育实施过程中，多由各校训育主任兼任，教会学校对此也不甚重视，学生接受程度也不高。

第二节 国民政府对基督教的管理

南京国民政府建立后，虽然发起改订新约运动，却基本接受了晚清签订的不平等条约中的传教条款，并宣布宗教信仰自由，保护传教士在华安全，但开始对教会加强管理，约束教会在华活动，制定一系列涉及基督教与传教士的法案以维护国家利益。1927年，国民政府颁布严禁干扰教会及归还教产的训令，教会日常活动不再受到破坏，非基督教运动风潮平息。

对于来华传教士的管理方面，针对在华外人享有的治外法权，国民政府还在1929年12月28日发布国民政府令，要求传教士在内的侨居中国的外人，应一律遵守中国中央政府及地方政府，依法颁布之法令、规章[18]。1931年5月4日，国民政府还公布《管辖在华外国人实施条例案》十二条，规定外国人受中国司法法院管辖，对其犯罪由中国法院进行审判，可对外国人进行监禁、羁押及拘留[19]。此条例本准备在1932年1月1日实行，但因1931年"九一八事变"爆发及各国的反对，实施日期一再后延，最后并未实行。因此，作为外国公民的传教士，在华仍享有治外法权。同时，国民政府掀起的改订新约运动，也对与不平等条约有千丝万缕关系的教会造成了冲击，部分传教士、基督徒也主张废除传教条约特权，但最终皆未落实，直至1943年才废除。而在此运动过程中，部分地方政府还要求教会配合。如1931年5月，山东胶县教育局曾

---

17 *Letter from Doris Struz to Her Parents*, June 23,1929.

18 外交部编：《管辖在华外国人实施条例案》，南京，1931年，第1页。

19 《管辖在华外国人实施条例案》，台北"国史馆"藏：国民政府档案，档案号：001-012037-0002.

要求瑞华浸信会设立的瑞华中学组织学生参与废约运动宣传，要求该校随时集合学生举行废约的演讲讨论等集会，联合各校举行公开演说竞赛，指导学生在假期中进行废约宣传等要求。[20]

出于对外来宗教的固有敌视，实际南京国民政府对基督教仍采取防范态度，试图对其活动进行监督指导，严防其文化得略。为此，国民政府在1929-30年间，曾对外国在华事业进行过调查，其中也包括基督教会及其学校、医院机构，借此加强对基督教的管理。1931年6月，为约束在华基督教团体，国民党中央民众训练部经多次讨论，最终拟定了《指导外人传教团体办法》，其中规定：各地外人传教团体应受党部指导、政府监督；外人传教团体的总会须在办法颁布后四个月内，向中央党部登记，登记后再呈请所在当地政府备案；各团体如违反该法规定，由政府依法取缔。[21]然而，该办法在执行过程中，外国传教团体在治外法权的庇护下，对此办法也并不认可，内中规定甚少被落实，只有少数本土教会在内政部备案。1936年10月，当时涵盖在华教会众多宗派的中华基督教会全国总会曾申请向所在地的北平市政府立案，报告组织缘起及区域分布、事业概况等。[22]该会在华北的组织有华北大会，山东大会、山西大会，河北大会，翌年初，经北平市政府审核许可，最终收到中央民众训练部颁发之人民团体组织许可证书，成为政府承认之合法团体。[23]这也在于中华基督教会带有强烈的本土色彩，而外国差会团体却始终未在政府备案。对于本土教会，国民政府的管理也相对严格。如1934年时，北平市公安局曾因灵恩会牧师武锡考等以宗教讲演诱惑妇孺为由，指责其借讲道蛊惑群众，宣扬北平将有大难，鼓励信徒前往绥远，对治安有碍，并以此将武氏等查办。[24]

虽然教会学校被迫在政府立案，国民政府也颁布了一系列管理基督教的

---

20 《胶县教育局训令第98号》，山东省潍坊市档案馆藏：私立胶县瑞华中学档案，档案号：049-001-0003-0016。

21 《指导外人传教团体办法审查案（1931年6月）》，中国国民党党史馆藏，档案号：3.3-172.19.

22 《中华基督教会备案、五台山复兴佛教同愿会和调查普明佛教总会的文件》，北京市档案馆藏，档案号：J181-014-00227。

23 诚静怡：《中华基督教会是什么》，《富吉堂会务周刊》1940年"廿五周年纪念特刊"，第36页。

24 《北平市公安局关于灵恩会牧师武锡考等以宗教讲演诱惑妇孺等情的呈》，北京市档案馆藏，档案号：J181-031-04077。

法案，但实际基督教的传教活动却并未受到太多限制。再如对于教会医院，国民政府则认定其为慈善机关，同意继续开办，但不准利用慈善机关作宗教之宣传，并规定"各教会或西人所设之医院暨院所护士，应服从中国法令，得与他院受同等之待遇。"[25]故华北各教会在华医院仍由教会自办，得以继续维持，而其宗教活动实际并未如教会学校那般受到太多限制。

此时期，教会在华租地产生的中外交涉也时有发生，国民政府为此于1928年颁发了《内地外国教会租用土地房屋暂行章程》对教会租地进行规范，1929年还发布《外国教会租用地屋契税应强制载明必要事项四项令》，其要求载明的四项涉及租用期间之约定，土地四至及面积或房屋大小及式样，土地或房屋在传教宗教范围以内之用途，教会国籍等；翌年又颁布《解释内地外国教会租用土地房屋暂行章程第六条释义》进一步进行细节完善[26]，但地方上仍有相关案件出现。如1932年，河北获鹿县救世军教会就其所租地的纳税问题与当地政府发生纠纷，该教会请求地方免除租地的粮赋，但河北地方政府认为应按令纳税。此事直接引起外交部、财政部的关注，后经多次讨论，财政部拟定了《外国教会在内地租用土地征税办法》，行政院1933年7月更是因此办法要求该教会以改称地租的名义缴纳赋税，但该教会却仍是拖延不交[27]，因其涉外性质也令政府犯难。再如英教会救世军1930年在河北文安县购买两处房产，河北地方政府也据章程认为外国人在中国地方应用土地只有租佃权，并无所有权。而且救世军在该县购置房地契纸上所载买主是救世军，并非教会出名，亦未注明公产，与部章不合。但英国驻津总领事翟兰思（Lancelot Giles）却函请县政府给予立案，为此，河北省政府于1933年请示中央政府如何办理。外交部回复河北省府称，应遵循暂行章程第四、第五条之规定，房屋可准其承买，但房屋所坐落之基地，只得永租。1933年7月24日，河北省府又咨询外交部关于教会租地立契及教会土地纳税办法，即在新章程公布后，不准再用永租，买更不论的情况下，应当如何纳税？8月8日，外交部回复河北当局称：立契按照1929年甘肃天主堂购地办法，载明必要四项，纳税则按照行政院对河北

25　《教会医院医师等应服从中国法令》，《中华基督教会年鉴》第11期，中华全国基督教协进会，1931年，第97页。

26　《外人租地章程》，台湾中研院近代史所档案馆藏：国民政府外交部档案，档案号：11-06-01-19-02-002。

27　《征收河北获鹿县英教会契税》，台湾中研院近代史所档案馆藏：国民政府外交部档案，档案号：11-06-16-09-01-019。

获鹿教会之规定。[28]实际上类似这种纠纷,在各地常有发生,除了因晚清遗留的租地问题外,教会的特殊性质也使得其租地问题复杂化。

教会租地问题因牵涉利益众多,即使国民政府相关章程颁布,地方政府也经常向外交部咨询办理。因清末民初各教会租地契约形式多是绝买,国民政府1928年颁布暂行章程公布后,要求教会土地之前系绝买者以永租权论,部分地方政府还将此类契约要求教会改为永租契。如北平1930年还公布《教会租用土地房屋税契规约》,规范教会契约,当时发现中华圣公会契约为民初已绝买之契,间有书写传教人姓名者,与部章程不合,通令其于1930年3月3日换给永租契。同年3月31日,北平市政府又将美国北长老会之前的三份地契换给永租契。[29]当时还有地方当局对于外国教会的认定产生歧义,如1930年9月7日,北平档案馆保管处还就社会局询问的青年会是否认为外人传教团体,对其租地是否按照教会租用土暂行章程办理,咨询外交部。外交部9月21日回复称:基督教青年会不能认为外人教会团体,其租赁房地自应依照普通手续办理。但中国或外国青年会如以团体名义租赁房地,为该会自身利益计,应先依照民法取得法人身份,方得法律上之保障。若教会团体中如有外国人租赁土地则应使用内地外国教会租用土地暂行章程。[30]国民政府虽然对教会租地加强了管理,但因牵涉到西方国家利益,并不未从根本上将其完全纳入管辖体制。

在具体基督教管理上,国民政府的政策仍是相对宽松,但对传教士与中国基督徒仍有所区别对待。如1935年9月,国民政府内务部在答复河南地方有关外人传教管理的询问时称:"外人入内地传教,除应受《内地外国教会租用土地房屋暂行章程》之限制外,尚无其他特定限制规章……如教会请求出示保护时,亦可酌予照办",但同时内务部又对本国基督徒的行为进行约束,规定"教徒若系本国人而有假借名义违反现行法令情事,当然依法办理"。[31]当时国民政府试图对在华基督教进行调查,如1936年3月,内政部还曾会同中央民众训练部、司法院、外交部、教育部协商处理外人在华主持宗教团体办法,

28 《英教会救世军在文安县购买房屋基地》,台北"国史馆"藏:国民政府外交部档案,档案号:020-041107-0040。

29 《北平市政府请解释教会土地暂行章程第六条》,台北"国史馆"藏:国民政府外交部档案,档案号:020-070600-0025。

30 《北平档案保管处请核示北平市基督教青年会是否认为外人教会团体》,台北"国史馆"藏:国民政府外交部档案,档案号:020-070600-0025。

31 《外人来华传教之监督与保护办法》《中央日报》1935年9月17日,第1张第3版。

经两次协商后，决定先进行调查统计，当时各省对本省宗教团体进行了初步调查报表。而南京政府之所以加强对传教士的管理，主要在于基督教的外来宗教性质，尤其基督教享有的种种特权，造成了对国家现实利益的挑战，而且传教士也游离于国民政府管辖体系之外，还时常批评政府运作管理，从而导致了政府对基督教的试图约束，实际效果却并不如对佛道教的管理更有成效。国民政府对基督教政策实际执行的软弱性，这也是基督教所享受的治外法权所决定，政府制定的多数法案对基督教来说形同虚设，很难实际约束教会活动。

第三节　华北基督教与政府的交往

在华基督教在此时期经历非基督教运动冲击后，也开始内部反省，教会意识到时代环境的变化，更加重视参与国家建设，与政府的合作加强，以此来赢得官方与民众对基督教的认同感，增强教会的本土化意识。来华传教士一致在华致力于社会改良，慈善工作，希望中国实现西方的现代化，而这些目标部分与南京政府所致力的目标相似，故南京国民政府又借助传教士力量为中国改革服务，从而双方又在推动地方改良、教育医疗等方面进行了合作。

南京国民政府在世俗生活中与传教士的合作，以1934年开展的新生活运动最为典型，当时华北教会的众多传教士也积极参与其中。如以社会服务为宗旨的北平、天津等地的青年会更是积极参与新生活运动，如举办新生活运动周向民众宣传该运动，河北省主席于学忠等地方高官亦曾出席天津青年会举办的运动周表示支持，而天津青年会还通过电台用演讲、歌曲等方式进行宣传。再如山西基督徒刘辑五曾发表《基督教与新生活运动》一文，提出："基督教无论在形式或内容上，均有新生活的精神，则谓基督教为新生活运动的先锋或基础，有何不可呢？"[32]当时在燕京大学工作的美国传教士范天祥（Bliss M. Wiant）曾在自己的日志中记述："蒋介石在持守他的基督教原则底下，于中国开展了一个新的运动，强调领导中国的男男女女迈向更美好的新一天，过清廉、健康和节约的生活，不吸烟成为他其中一项信仰原则，这运动非常广泛迅速地传遍整个中国，我们都希望它会有重大的意义。"[33]但令传教士困惑的是，

32　刘辑五：《基督教与新生活运动》，《革新月刊》1935年第2卷第2期，第11页。

33　范燕生著，李骏康译：《颖调致中华：范天祥传》，基督教文艺出版社，2010年，第117-118页。

新生活运动所宣扬的四维八德等儒家理念，实际与基督教义格格不入，但他们又因取得政府支持的目的，须积极配合该运动的开展。

华北各教会还利用各种资源参与种痘、防疫等地方卫生运动，体现了教会日渐融入地方社会的努力。如华北教会经常举办农业展览会，以便农民交流经验，增加农民常识，养成农民合作习惯。农产展览会开办前一般成立专门组织委员会，下乡宣传，联系当地行政长官、农业团体及教会组织农业展览会，奖品由县当局或教友或社会热心人士募捐，奖励成绩优良者。如 1930 年秋，美国公理会在北平通县区域分 7 处举行乡村展览会，有传教士记述此次展览会时提到："当县长和其他官员拜访展览会时，这个小乡村的高兴溢于言表，因为这不仅给了他们面子，也提供了一个机会展示基督教会的实践计划"；[34]翌年秋季，通县公理会又曾在 9 处举办农业展览会，成绩颇为显著。国民政府实业部因赞赏他们的工作，特赠 250 元为办事人员的旅费。[35]

基督教乡村建设在推行过程中，也注重与中国政府及民间机构的合作，进行优势互补。如山西太谷铭贤学校曾与山西省政府建设厅合作，在全省推广来航鸡，并合作进行玉米及肥料实验，还颁布了详细的实施办法。1934 年时，青岛青年会在呈准山东省建设厅及省党部后，还发起成立山东农业协进会，选定即墨城阳为第一实验区，与各机关密切合作，进行农业改良工作。[36]再如 1936 年天津青年会举行乡区卫生运动时，即与县政府合作，由青年会印制大批卫生运动广告，交由县政府转发各区，广为宣传，并通过县政府订购优惠的牛痘苗，为村民施种。[37]基督教与政府的合作，可以说利用了教会的技术优势与政府的行政优势，最大限度地推动了改良实验在乡村的推行。

鉴于民众的保守及对实验的怀疑态度，华北乡村实验还注重利用地方官员、士绅及各村村长等政治资源，推动实验改良的推广，积极参与地方公共卫生运动及乡村建设。如 1930 年，临清华美医院鉴于当地民众多发天花，即游说当地官员士绅举办种痘培训班，获得地方当局同意。为此临清当局筹资 2 千元用于此计划实施，当时培训班招收了百余名学生，由医院职员对他们

34 "The Deacon Knows His Corn", *The Missionary Herald*, February ,1931,p.85.

35 余牧人：《我所参观的几个华北乡村教会》，《金陵神学志》1932 年第 14 卷第 7-8 合期，第 72 页。

36 《农村事业》，《青岛青年》1934 年第 45 期，第 5 页。

37 《天津基督教青年会事工报告》，天津，1936 年，第 2 页，上海档案馆藏，档案号：U120-0-256-69。

进行讲解种痘技术，"结果有 88 人取得了毕业证书，而这些学生组成施种牛痘团，在随后共为 8240 名民众施种了牛痘。"[38]教会实验区一面配合地方政府开展公共卫生运动，为民众种痘防疫，而在举办各种乡村改良活动时，又邀请县长等地方政府官员出席参加，以取得民众的信任。而在 1937 年 4 月召开的华北基督教农促会的乡村工作会议上，会议还决定为发展乡村牧区，不仅所有教会机构如学校、医院等必须贡献他们的专家和资源，也必须与当地政府合作。[39]

当时教会学校、医院因完善且出色的教学、医疗质量，也得到政府当局的肯定，各地官员也常捐助。如 1934 年，燕京大学发起募集经费的"百万基金运动"，燕大校务长司徒雷登（John L. Stuart）在南京募捐期间，蒋介石、孔祥熙、汪精卫等都呼吁南京官员给予捐助。[40]再如 1934 年 11 月 10 日，蒋介石一行来到孔祥熙亲手创办的山西太谷铭贤学校，接见外籍教士及师生代表，并发表致辞，肯定铭贤学校的贡献。[41]1935 年 5 月 13 日，河北邢台长老会福音医院新楼落成时，在当地驻扎的 32 军军长商震及县长均出席典礼并致辞，其中商震还医院称为"邢台一带病者之福星"。[42]1936 年 6 月 22 日，齐鲁大学新医院落成时，山东省政府主席韩复榘亲自出席并致辞，称赞医院的精湛业务及对社会贡献，称："贵校新旧医院我都参观过，在院服务的人，无论动作，精神，都够良医的条件。尚望继续努力，为人类服务，为社会造幸福。"[43]1936 年 9 月，因司徒雷登募款建设燕京大学，热心教育，兴办学校，劳绩懋助，蒋介石批准给予明令嘉奖。[44]实际上因教会学校为外国人所办，加之很多高官及子女也毕业于教会学校，故获得政府资助及个人捐助相对较易，而很多高官也担任各个教会学校的校董事职务。

特别是因作为南京国民政府领导人的蒋介石在 1930 年受洗成为基督徒，

38　H.L.Robinson, "A County-Wide Vaccination Campaign in Linsting,Shantung" ,*China Medical Journal*, Vol.44, No.10, October 1930, pp.1055-1057.

39　*A Report of the North China Institute for Supervisors of Rural Work*, Anyang, Honan, 1937,p.6.

40　《汪蒋孔联名为燕大募捐》，《中央日报》1934 年 10 月 17 日，第 8 版。

41　《蒋委员长训辞》，《铭贤校刊》1934 年第 5 卷第 11-12 合期，第 69 页。

42　董新民：《邢台长老会福音医院新楼落成与展览会》，《通问报》1936 年第 21 号，第 4-5 页。

43　《新医院开幕，韩主席亲致开幕词》，《齐大旬刊》1936 年第 6 卷第 27 期，第 191 页。

44　《嘉奖北平私立燕京大学校务长司徒雷登》，《内政公报》1936 年第 9 期，第 12 页。

华北的教会也多次请其拨款捐助或题词，多获得其同意。如 1936 年 10 月，北平基督教救恩会负责人敬奠坤即为扩大教会，修筑教会设施而向蒋介石夫妇请求捐款[45]，获得资助。1937 年 6 月 17 日，中华基督教会全国总会干事诚静怡与会长谭沃心请求蒋介石出席于 7 月 16 日在青岛开幕的该会第四届常会并给予训词，最后蒋氏因公务繁忙并未出席，但给予了训词。[46]但蒋介石作为现代国家的领袖，奉行政教分离，仍是从国家利益出发制定对基督教的管理政策。同时，传教士作为民国社会中的特殊群体，仍然享受治外法权的保护，尤其是其背后更是代表英美等国家，故当时民国政要仍与司徒雷登等在华北活动的传教士接触比较频繁，对他们态度比较友善，部分传教士也成为中外关系交往的联系人及高官的座上宾。

此时期，华北地区频繁发生战争及土匪劫掠，对教会正常教务产生了严重影响，也随之带来传教士与地方政府的交涉。如 1930 年中原大战波及山东，2 月 19 日，在诸城的瑞华浸信会受战事影响，交通断绝，教会亦被阻止，至 8 月 26 日暂告平静，得以恢复教务。[47]特别是因传教士的特殊身份，各地土匪往往靠绑架传教士来要挟政府谈判，或战事期间造成的传教士死伤，也容易引起英美国家的强烈交涉，故南京国民政府还尤其注意保护传教士在内的外国人安全。如中原大战期间，蒋介石于 1930 年 8 月 4 日即特别电令夏斗寅、朱怀冰所部在攻占济南时，要由师部派兵保护各领事与教堂。[48]同年 8 月 12 日，蒋介石又致电蒋光鼐，强调在进入济南后要保护各领事馆与教堂。[49]因双方都不想因伤害外国人而引起与他们所在国的关系交恶，即使与蒋方作战的阎锡山也特别强调要求部队在作战中注意保护外人生命财产安全，并曾要求军队腾让占领的顺德长老会房舍，禁止占据教堂。[50]与阎联合讨蒋的冯玉祥在东进

45 郝奠坤：《呈请赞助建筑北平基督教救恩会（1936 年 10 月）》，台北"国史馆"藏：国民政府档案，档案号：001-054300-0002。

46 《北平中华基督教总会在青岛举行周年庆，请蒋中正临赐训词（1937 年 6 月 17 日）》，台北"国史馆"藏：国民政府档案，档案号：001-011240-0001。

47 《诸城浸礼会记录：1930 年》，山东省诸城市档案馆藏，档案号：C4-143。

48 《蒋中正电夏斗寅、朱怀冰（1930 年 8 月 4 日）》，台北"国史馆"藏：蒋中正总统文物，档案号：002-080200-00407-110。

49 《蒋中正电蒋光鼐（1930 年 8 月 12 日）》，台北"国史馆"藏：蒋中正总统文物，档案号：002-080200-00407-134。

50 《阎锡山电傅作义（1930 年 5 月 1 日）》，台北"国史馆"藏：阎锡山史料，档案号：116-010101-0098-092。

过程中，也特地发布命令强调，对于各国侨民，如无违法行为者，均应一视同仁，妥为保护。[51]但战争对教会的影响却是十分巨大，如 1933 年中日在山海关交战时，华北美以美会山海关各教会或被日军占领，或被炮火攻击，教友被掳者有之，伤亡者有之。而双方停战后，又有屠夫蹂躏，烧杀淫掠，较兵灾为尤甚。[52]此外，基督教会在战争发生时，发扬一贯的博爱慈善精神，积极参与救护伤兵，也赢得了官方好感。1933 年，昌平地区讨伐刘桂堂战争，军队请求该地教会的田牧师去救护伤兵，"田牧师就领了几位教友当开火时冒险的冲过战场，救了十几个伤兵，也医好了他们，从此时该地的教会大大的兴旺，也受军官们的敬仰。"[53]

　　值得注意的是，虽然此时期国民政府承认并保护传教士的合法传教活动，但在各地出现的少数反教活动中，与晚清时期的地方官绅作用类似，地方党部起着重要的推波助澜的作用。如 1930 年，天津地方党部曾公开在官方通告中谴责当地传教士从事鸦片与吗啡生意，并向叛军走私武器，但当地的英文报纸《京津泰晤士报》却称是其在编造谎言，借机反教。[54]虽然中央政府三令五申的强调保护传教士，但是地方政府却贯彻不力，由传教士引起的中外交涉仍是时有发生，所幸人为导致传教士死亡的案件甚少。1931 年美国军事情报局在华人员曾对当时的政教关系指出："中国地方官员对传教士疏于保护，政府限制教会学校，而且对于军队及土匪给传教士带来的财产损害补偿不力。"[55]地方党部及部分官员仍对基督教的敌视，也是文化冲突，民族主义的深层次原因所致，还有一个因素在于："中国官员看到传教士在下层民众中活动，从而处在了最会引发革命危险的群体中，他们为此深信传教士形成了一种威胁。"[56]

51　《孔文轩等电阎锡山（1930 年 3 月 31 日）》，台北"国史馆"藏：阎锡山史料，档案号：116-010101-0084-129。

52　王耀庭：《兵燹后之华北年议会简报》，《兴华周刊》1933 年第 30 卷第 45 期，第 30 页。

53　黄小同：《布道组的报告》，《燕大团契声》1934 年 5 月，第 20 页。

54　Hallett Abend, "The Crisis of Christian Missions in China", *The Current History,* Vol.32, No.5, Aug 1, 1930, p.931.

55　Comments on Current Events, May 13-27,1931, *U.S. Military Intelligence Reports. China, 1911-1941*, Reel.1 p.4, University Publications of America, Inc,1983.

56　Paul A. Varg, *Missionaries, Chinese and Diplomats, American Missionary Movement in China, 1890-1952*, Princeton University Press, 1958, p.32.

第四节　民国政教关系反思

随着南京国民政府的成立，平息了非基督教运动思潮，当时全国反对基督教声潮有所减弱，加之国家获得形式上的统一，基督教获得了相对良好的社会环境。基督教在经历了非基督教运动冲击后，在内部也进行反省改变，试图使得教会更加适应政府及民众需要，拉近两者距离，一定程度上改善了政教关系。而此时期的政教关系也有所缓和，南京国民政府坚持宗教信仰自由政策，也继续坚持对传教士在华活动实行保护，对此时期的基督教复兴有一定促进作用。但受中国民众民族主义情绪高涨，维护政局稳定等因素影响，国民政府从国家利益出发，仍从政策上限制基督教在华运动，不断通过法律法规加强对教会团体的管理和控制，试图用官方的意识形态——三民主义来影响基督教，尤以教会学校立案为甚。国民政府还通过改订新约运动，企图逐步削弱外国人在华特权，也使基督教在华特权的根基受到动摇，并且试图淡化教会事业的宗教色彩，使之成为在政府管理体制内的世俗化的社会事业，并利用这些事业为中国社会服务。但是也应该看到，碍于治外法权的存在，且基督教与西方国家仍有千丝万缕的关系，其仍享有佛道教所不具备的特权，故也导致国民政府对其管理多是颁布相关条例，但执行的实效却并不显著。

基督教自近代入华以来，部分传教士一直有所谓的上层传教路线，他们通过与政府高层拉近关系来推动传教，这种形式在南京国民政府时期仍然在不同侧面有所反应。1930 年代，教会参与到政府倡导的新生活运动、乡村建设运动中，利用自身优势为政府建设服务，形成了较为平稳缓和的政教关系格局。但在南京国民政府前期，作为异质的基督教文化仍然未同佛教那般的中国化，也不被当时的多数官员所认可，信教人数不多，而且因其涉外性质，政教关系最本质的冲突并未解决，南京政府的权威仍然受到基督教享有各种特权的挑战，并不能完全管理基督教。南京国民政府在政策上虽然受限于不平等条约的束缚，仍然允许基督教的传播，且逐步接受教会开办的学校，医院，但受中西文化冲突、民族主义等因素影响，大部分官员与民众仍然对基督教敬而远之，在内心仍然视为外来的洋教，这实际也影响了基督教在中国的深层次传播。

第四章　从1931年传教士德福兰案看基督教与近代地方外交

　　基督教传教士自近代入华后，受其外来宗教性质及中西文化冲突等多种因素影响，始终面临重重阻力，导致各地教案频发，尤以义和团运动、非基督教运动为两次反教高潮。南京国民政府成立后，明令保护教会活动，反教风潮减弱，政教、民教关系有所缓和，但牵涉到传教士与地方社会的案件仍时有发生。此类案件往往牵涉领事裁判权与来华基督教问题，而南京国民政府此时又在积极与各国交涉废除领事裁判权，故也成为中央及地方政府的棘手事务。目前学界对晚清时期的教案研究较多，但对非基督教运动之后的传教士与地方社会冲突而引起的中外交涉却关注不多。1931 年 7 月，正当中美废约谈判进行时，美国传教士德福兰（F. F. Tucker）在山东德县博济医院内开枪杀死院内工友王国庆，在当地引起了民众强烈抗议，也导致了中美官方间的交涉。本章将从 1931 年德福兰案件入手[1]，利用中美政府、教会档案及相关中西报刊等史料，在理清此案件过程的基础上，着重考察地方社会与基督教会内部对此事件的反应，关注传教士与地方社会的复杂关系。

---

[1] 目前学界对此案件的关注研究较少，王神荫的《基督教公理会在山东的发展和组织概况》（《文史资料选辑》第 2 辑，山东人民出版社，1982 年）、李传斌的《条约特权制度下的医疗事业》（湖南人民出版社，2010 年）、景敏的《近代美国公理会在鲁西北活动研究》（山东大学硕士论文，2014 年）等论著，对此案有所介绍，但相关论述及引用资料都较为简略。

第一节　1931 年山东德福兰案交涉概要

德福兰为美国公理会派遣在山东德县博济医院服务的医学传教士，并担任医院司库。1931 年 3-7 月，博济医院经常发生财物失窃，但当地警方却迟迟未破案。故德福兰自 7 月初开始，夜宿在保存钱款的办公室，以便抓贼。7 月 11 日早 5 时左右，德福兰见有人闯进办公室，遂欲将其擒住，但被此人挣脱并逃出屋外。德福兰也出门紧追，并开枪射击以阻止他逃跑，却不幸将其击毙，经查看为院内工友王国庆。[2]

德县案发案发当天，该院严守秘密，直到 7 月 12 日才由德县民众教育馆馆长徐乃真电话通知了德县官方。德县县长李树德率司法、警察人员于 7 月 12 日前往现场调查拍照，并令德福兰将书面报告报告官方。后德福兰由当地商铺作保，于 7 月 13 日将报告递交法院，并称："在两星期以内，如有逃脱情事，敝负完全责任。"[3]同时，德县县长还请示山东省府及民政厅有关处理方案，省府主席韩复榘回复令继续查明原由，民政厅厅长李树春则电令将该美人暗中监视，以防逃逸。[4]博济医院的郭寿仁、高雅儒还相应做了案情书面情况说明，医院人员从王国庆住处搜出的钱币也开列了清单，都交给了德县官方，他们提供的证据都在指向王国庆为盗贼。德氏还找到恰巧于 10 日来院的王国庆之父王玉可，打算给其部分金钱，使其出结，将儿子尸体带回恩县原籍，了结此事，但却未果。德氏此举也被德县官方定义为"情虚畏罪，希图以金钱运动湮没杀人痕迹。"[5]

事发后，美国方面亦迅速行动，驻济南领事米赫德（Carl D. Meinhardt）7 月 13 日也亲自前往德县调查。因德福兰在给德县官方的报告中称除了搜出王国庆身上有自造医院钥匙一把外，还称："在伊屋内衣物中搜出现洋一百一十九元，小皮包一个，内装山西省废角票 24 角，山东省角票 1 角，均与敝院失款正相符合，并由伊屋内搜索敝院窃出零星物件，伊时有偷窃情事，毫无疑义。"[6]德福兰也将此证据告知了米赫德，米氏采信此说并上报给美国驻华公使

2　《德县美人德福兰枪杀王国庆》案卷，台北"国史馆"藏：国民政府外交部档案，档案号：020-990600-3429。

3　《德县王案凶手已有亲笔供呈法院》，《世界日报》1931 年 7 月 19 日，第 5 版。

4　《美人德福兰枪杀华人案详情》，《华北日报》1931 年 7 月 18 日，第 9 版。

5　《德县美人德福兰枪杀王国庆》案卷，台北"国史馆"藏，档案号：020-990600-3429。

6　《德县美人枪杀华工案，韩复榘主慎重办理》，《导报》1931 年 7 月 17 日，第 3 版。

詹森（Nelson T. Johnson）。米氏在与中方官员会面时，坚持王国庆为盗贼，还曾提议参加将于 15 日举行的德县反帝宣传大会，并建议将宣传会改为欢迎会，庆祝德大夫打死土匪，县长则告以死者系工友而不是土匪，拒绝了其提议，并对其为德氏辩护进行了驳斥。[7]米氏无奈于 15 日返回济南。

山东地方当局也密切关注此案。7 月 15 日，德县地方法院检察官孙鼎致电山东济南高等法院，陈述案情，提出四点疑点，认为德福兰乃故意杀害王国庆，而王国庆是为擦抹地板才进入办公室，并否认被害者在死前曾承认盗窃。[8]后山东省高院又令孙鼎回复该院与美领交涉情形，孙氏在随后的复电中驳斥美领提出的所谓为德福兰辩护的三点证据，称其捏造王国庆死前承认盗窃，拥有开保险柜钥匙及住屋内藏有院内失窃钱款等诬陷王为盗贼的证据，提出米赫德的所有证人均系该院职员工友上下联成一气，自无传讯采取供词之价值，且系外人势力范围之下，票传到案，处处棘手。孙还指出如王国庆果有窃盗行为，中美法律大概相同，亦不论死，该德福兰之擅杀，应请向美领交涉，按律治罪。[9]7 月 16 日，李树德还专门致电外交部及山东省府、高等法院详述德案经过，请求外部、省府与美使交涉，以平民怒。特别是李树德在汇报时将案情描述为王国庆为德氏故意杀死，并提出了否定王为窃贼及德福兰蓄意杀人的多项证据，诸如王国庆身上搜出的钥匙非开保险柜钥匙等，再如此案发生时间既在五点钟，天明以后岂能有窃盗行为。王国庆既为该院工人，凡属院内之人均能认辨，并无于日出时仍敢侵入办公室之理，并指明德氏在认清王国庆情况下，仍然开枪乃是防卫过当，这些证据也被外交部在之后给美国驻华公使的照会中复述。[10]由上可知，中美双方已经对王国庆是否为盗贼，进而对德福兰的杀人性质产生了分歧，中方认为德福兰属于防卫过当，美方则是认为德福兰属于正当防卫，这也在于双方法律规定差异及案件缺乏有效证据所致。

除了德县当局的报告外，山东省民政厅还指定特派员李西峰于 7 月 16 日下午到达德县，以便调查实情。李氏经过询问调查后，于 17 日下午乘车返回

7　《王国庆惨案尚有内情》，《益世报》（天津），1931 年 7 月 19 日，第 3 版。

8　《德县美人德福兰枪杀王国庆》案卷，台北"国史馆"藏，档案号：020-990600-3429。

9　《德县美人德福兰枪杀王国庆》案卷，台北"国史馆"藏，档案号：020-990600-3429。

10　第三二七号，*Records of the United States Legation in China,1843-1945*, Roll 19, Washington: National Archives Microfilm Publication, No. T-898,1963,p.6.

呈覆，其报告称从王国庆身上搜出的钥匙实为办公室所用，而非保险柜钥匙，认定王被误杀无疑，但其在报告中也附带了德福兰的述说及该院华人院长郭寿仁的陈述，两人皆认定王为盗贼，并称搜出了王盗窃的院内部分金钱及零星物件，与医院所失窃物品相同，确系赃物。[11]李西峰在调查中坚持自己判断的同时，也将不利于中方的证据如实上报，履行了较为公正的司法程序。

山东省府在调查基础上，采取了进一步的积极举措，于7月20日将德福兰押赴济南看管。米赫德还于20日晚及21日两次拜见韩复榘，力请引渡德福兰，但被韩氏以待请示外交部，方可决定而拒绝。[12]因德福兰的特殊性，中方对其在拘留所的待遇也颇为优待，"未带刑具，看书通信起居均极自由。"[13]但鉴于领事裁判权的存在，在美国领事的催问下，山东省府在请示外交部后，德福兰连同证据于7月23日即被济南市府转交驻济美领署看管。

山东当局与外交部在此案过程中，往来电文频繁，也便于外部掌握最新情况，与美交涉。7月22日，外交部还致电德州地方法院，望其对该案检察与验尸时，查得之真相及与美领谈话经过情形详细电复。后孙鼎即将调查真相及美领谈话情形回复外交部，并附之前回电山东省高院的两份原文。7月23日，山东省省政府又致电外交部称，根据德县县长报告，提出王案疑点四端，指出德福兰所称各节证，以该县长等查报情形，显系事后虚拟，无论华工王国庆窃盗事实无从证明，亦罪不至死，称德福兰任意枪杀，残暴横行，请求外部向美使严重交涉，以重民命而维国权，并附德县县长李树德16日原电。[14]这些来电也成为外部于7月31日向美国发出交涉照会的参考，该照会继续要求美方尽快审判德福兰。

美国方面为了解案情，特派美国在华法院检察官萨赉德（George Sellett）于7月26日从驻地上海到达济南，侦查此案，以便依法办理。[15]萨氏此次在济南，曾询问德福兰及美国驻济南领事了解案情。8月2日，萨赉德又前往德县侦查此案，搜求证据。后萨氏将侦查结果报告美公使詹森，并在8月22日

---

11 《德县美人德福兰枪杀王国庆》案卷，台北"国史馆"藏，档案号：020-990600-3429。

12 《德枪杀华人凶犯，美领要求引渡》，《京报》1931年7月23日，第2版。

13 《美人杀华工案，凶手解济南》，《庸报》1931年7月23日，第3版。

14 《德县美人德福兰枪杀王国庆》案卷，台北"国史馆"藏，档案号：020-990600-3429。

15 "Investigating Tucker Case", *The Independent Weekly*, Vol.1, No.26, August 1, 1931, p.9.

将最终调查报告上报美国国务院，其在报告中坚持了美方一贯持有的德福兰没有犯罪的主张。从而美方在调查后，根据疑罪从无的原则，未对德福兰进行审判，且美方坚持认为德福兰对盗贼开枪并无责任，属于正当防卫，故德氏也未接受任何惩罚，只是迫于压力，辞去了在德县的传教工作。

在经美方调查后，中方外交部及山东省府一直要求美方审判德福兰，但却未获美方答复。而中方因"九·一八"事变的爆发，中日关系成为当时焦点问题，国民政府对外政策更加倾向于联美抗日，仍然有求于美国，加之此案并无充足证据证明王国庆为盗贼，双方对此案定性仍有分歧，故对要求美方坚持审判德福兰态度并不坚决。在此后两年间，美方对于德氏的处理，仍无对中方的答复，中方也是多次催问，如1933年11月17日，中国外交部还又致电美国公使詹森询问此案审理情形，但未获回音。由于美方始终拖延，此案最终也是不了了之。从此案的最后结局看，实际也印证了当时报刊对同年另一起在华美国士兵枪杀华人案的评论，"今天打死一个华人，至多外交界提起抗议，例行公事的来上一角公文，只要还你一个不瞅不踩，事情冷淡下，也就完了。"[16]

第二节　地方社会的反教

南京国民政府时期，党部作为地方社会的重要国民党组织，是反教的主要领导力量，其实际上与晚清类似，都是地方精英组织反教的活动，只不过在晚清是士绅阶级，但并未纳入清政府的官僚制度体系，而到民国时期地方精英已经纳入党国体系。然民众的抗议运动却没有像晚清时期那样形成暴力性的教案，而是在党部领导下采取相对理性的抗议活动，这也是非基督教运动及之后反教案件的新趋势，但这种形式的抗议诉求的实质效果却难言满意。

德县案发后，德县党部立即组成王国庆惨案后援会，除电全国各地请求一致声援外，还于7月13日致电外交部长王正廷，请求向美领馆严重交涉，严惩德福兰。7月15日下午，德县各界在县府前召集举行反帝国主义暴行宣传大会，会上各代表对万宝山案及王国庆惨案均有沉痛之演说，民众异常愤慨，并重申了之前致电外交部所提的四项要求："枪毙凶手德福兰；美领馆向中国政府道歉；对死者有重大抚恤；勒令停止基督教立之博卫医院及博文中学在德

---

16 积勋：《美兵枪杀华人》，《联益之友美术旬刊》1931年第184期，第2页。

活动。"[17]在此次宣传大会上，中方演讲称德福兰杀人有辱国体，事后还假造许多证据以图掩饰罪恶，指责米赫德态度蛮横，祖护凶手，侵害司法，有失外交官之地位及职责范围。而且此次大会上的演讲及标语口号，都将此案与万宝山案共同视为帝国主义在华暴行的罪证，并以"国耻"、"惩办凶手"、"复仇"等极富色彩的词汇大肆发泄民族主义情绪。[18]即使民众要求停办的美国公理会在德县的博文中学也声援抗议，"校内师生也怀着强烈的中国人民自尊心，义愤填膺，要求杀人者偿命，严惩凶手"[19]，体现出教会学校师生的爱国之心。而在山东省内及省外的党部等团体，也积极响应德县党部，不断发电要求惩治德福兰，与美交涉。

近代来华传教士自鸦片战争后，依靠不平等条约中"传教宽容条款"才得以公开入华传教，故屡被国人看做是帝国主义侵华工具。此次德福兰持枪杀人，更是为国人攻击基督教平添了绝好的素材。更令传教士尴尬的是，一直以救死扶伤为己任的医学传教士竟然开枪杀人，而且杀人地点更是发生在救人治病的教会医院中。此案发生后，中文报纸也多从反帝角度出发，呼吁政府交涉，攻击德福兰，进而反对基督教传播。由于基督教与西方国家有千丝万缕的联系，中国舆论也对外来的基督教多存在敌视态度，如《天津商报》在报道此案提到博济医院时说："院中外人异常强暴，德县人请其医病者甚少，每日所诊治者泰半为其教徒"[20]。实际当时民众已逐渐认同西医的优势，到博济医院看病者甚多，且还有病情严重的民众敢于在被妖魔化的教会医院中住院治疗。据 1930 年统计，该会在德县有教徒 1353 人，但据当年博济医院报告，看病病人实为教徒总数的十倍之多，当年门诊接待男病人 7517 人，女病人 3875 人，住院男病人 796 人，女病人 296 人[21]，由此可见中方报纸所称显然有违事实。因中方媒体多带有仇视情形，故其报道也不甚客观，影响了他们价值评判，但也应看到部分报纸的导向实与其背后官方管理机构的授意有关。如北平《世界

---

17 《德县美人枪杀华工续讯》，《新闻报》1931 年 7 月 18 日，第 9 版。

18 Records of Foreign Service Posts (RG 84), Consular Posts, Tsinan, China, Volume 121, National Archives and Records Administration of the United States.

19 于仲友：《我所知道的德县博文中学》，《德县史志》1986 年第 1 期，第 25 页。

20 《美人枪杀华人》，《天津商报》1931 年 7 月 16 日，第 3 版。

21 卫氏博济医院编：《山东德县卫氏博济医院报告书》，德县，1930 年，《1930 年门诊住院及大小割症人数表》，哈佛大学哈佛燕京学社图书馆藏；《华北基督教公理会促进董事部第十八次年会报告》，山东德县，1932 年，中国教会统计表，上海档案馆藏，档案号：U115-0-9。

日报》在评价德福兰时，即称其："素日行为蛮横，视华友工为奴隶，今竟恃帝国主义余威，任意枪杀华人，辱我国体莫此如是。吾华人应本爱国家爱同胞之热心，急起声援，一致交涉。"[22]上海的《民国日报》也称德福兰："戴慈善之伪面具，施残暴之野蛮行为，敢公然枪杀华工王国庆，则其平日凭藉医术，杀我同胞，不知凡几。"[23]此番言论则明显带有诋毁身为医学传教士德福兰的嫌疑，实际上当时多数地方普通民众与医学传教士关系比较融洽，只不过部分上层精英与知识分子还存在对西医的排斥。而中方舆论也多是借此案反教，当时德县所处鲁西北地区在晚清时期即是反教高潮区，此次案件又在德县发生后，教会人士也感言："此事颇能引起当地社会作反教运动之情势，何况山东乃反教运动最甚之区？"[24]

　　然而当时外方舆论对德氏评价却截然不同，如教会主办的英文《博医会报》即称德福兰夫妇"不仅用精湛的医疗技术服务民众，并且在灾荒救济上贡献颇多。"[25]德福兰在致函法院的自辩信时也称："鄙人来贵国三十余年，职属慈善医院，素主博爱，而请求赈款，创办善举，舍命救人，满城皆知。"[26]上海的英文《字林西报》还赞扬称德福兰并没有因为自己遭受的拘押，而致信美国政府抱怨，"这种忍耐一方面是因为他同情中国人的诉求，另一方面是因为他在山东的赈灾工作时已经历过这类苦难生活。"[27]上海的《密勒氏评论报》还提到了在此次案件后，德福兰夫妇还从自己微薄的积蓄中拿出约 2500 元，以弥补医院被窃的损失[28]，以来来赞扬其高贵品格。美国公理会总部主办的英文《传教士先驱》期刊以《德县悲剧概要》对此案件进行了简短报道，则是直接称王国庆为盗贼，德福兰因天黑未认出王国庆，在追击试图逃跑的王氏时，开枪击中王氏要害而致其毙命。[29]尽管当时中外双方因立场差异导致对德氏评价

22　《德县美人枪杀华人后》，《世界日报》1931 年 7 月 17 日，第 5 版。

23　《美人枪杀华工，市联会电请交涉》，《民国日报》1931 年 7 月 19 日，第 3 张第 2版。

24　《华北公理会促进董事部 1931 年干事报告书》，《华北公理会月刊》1932 年第 6 卷第 6 期，第 22 页

25　"Dr F. F. Tucker", *The China Medical Journal*, Vol.45, No.10, October 1931,p.1003.

26　《德县美人枪杀华工案，韩复榘主慎重办理》，《导报》1931 年 7 月 17 日，第 3 版。

27　"Taken by a Ruse: Kindly Treated by Chinese Captors Before Release", *North China Daily News*, July 31, 1931,p.14.

28　Edward Hunter, "Some Undisclosed Elements in the Tucker Case", *The China Weekly Review*, Vol. 58, No.1, September 5, 1931, p.24.

29　"The Tehchow Tragedy in Brief", *The Missionary Herlad*,Vol.127,No.9, September 1931, p.387.

各不相同，但外方的评价相对中肯，中方舆论则或多或少带有些许民族情绪。实际上德福兰在之前的 1918、1921 年两次华北防疫救灾中出力甚大，颇为北洋政府内务部所倚重，这在当时的中文官方《政府公报》中多有记载。[30]

当时美方也注意到了部分中国舆论借机反帝与反教的倾向，如美国驻济南领事米赫德在向美国驻华公使詹森报告此事时，提到德县地方当局较好地掌控了局面，不允许骚乱的发生及对德福兰与医院的攻击。但由于各大中文报纸对此事的大肆歪曲渲染，鼓动民众反帝，使得山东当局的压力颇大。[31]美国公理会总部针对中方的攻击也称："随着目前反对领事裁判权的煽动，当地国民党党部立即发动了歪曲的宣传活动，这起教案被用来作为'传教士帝国主义'的证据。……德县政治鼓动者的力量是如此强大，德福兰夫妇不得不向美国公理会辞职。"[32]在上海的英文《中国评论周报》还谈到了此次案件对在华基督教的影响，称："毫无疑问，此事会进一步加深中国人对基督教的质疑，部分基督徒的虔诚程度会因此削弱。德福兰的行为会有碍基督教在中国的发展，这远比敌人的大肆宣传更有成效。"[33]

第三节 基督教会内部的反应

德福兰案不同于一般的中外交涉，因其为传教士的特殊身份，也引起了国内外传教士及基督徒的广泛关注。本作为救人医生的德福兰却开枪杀人，此种自相矛盾的做法及中外舆论的激辩，也促使教会内部围绕德福兰是否有罪、使用武器自卫及领事裁判权等问题，从基督教义、法理、民族感情等方面产生了激烈的争论。

案件发生后，在美国公理会传教士内部，引起强烈反响。如在山西的 14 名公理会传教士表态反对德福兰使用武器，并将他们态度告知差会秘书[34]，但

---

30 可参见《政府公报》1918 年第 758-759 期、1921 年的第 1819 期、1822 期、1830 期与第 1834-1835 期的有关德氏与内务部的往来电文。

31 "Political Report for July,1931:Tucker-Wang Homicide", *Confidential U.S. State Department Central Files, China Internal Affairs,1930-1939*, Frederick, Md.: University Publications of America, Inc, 1984, Reel.40,p.992.

32 "*Survey of Missions of American Board*", *The One Hundred and Twenty-first Annual Report of the American Board of Commissioners for Foreign Missions*, Boston: Congregational House,1931,p.8.

33 "Dr. Tucker's Crime and Sin", *The China Critic*, Vol.IV,No.30, July 23,1931,p.700.

34 "The Tehchow Case",《中华民国史料外编：前日本末次研究所情报资料》英文史料，第 19 册，广西师范大学出版社，1997 年，第 457 页。

此事影响不大。后在北戴河避暑的美国公理会的 27 名传教士在集会讨论后，于 7 月 25 日发表了针对此案的宣言，他们在简要介绍该案情况后，提出了三点主张："（甲）此案关系法律须待法律解决。（乙）德福兰为保卫公产，不得已打死王国庆，究竟不是布道士初来中国的意志，更不是基督舍身立教之原则；绝不赞成布道士用任何武器来保卫财产。（丙）事前未曾根据基督立教的原则，而规定适宜准则，以范围同工，所以传教士对此案件的发生负有相当责任，只可静待公平的解决"。[35]这些传教士从教义与法律角度出发评判此案，可谓比较公允。

该宣言随后在 7 月 28 日的英文《京津泰晤士报》公布[36]，也在传教士内部引发极大争论。当时多数在华传教士从自身民族感情及教会利益出发，在上海、天津等地外文报刊上刊文，对此仓促发表的宣言给予强烈抨击，批评这 27 名传教士对同胞的攻击。如天津的传教士摩尔（F. M. Moore）致信《京津泰晤士报》指出："对这些在北戴河愉快度假的传教士们来说，通过这些决议是非常容易的。但我们可能会询问，他们这么做的目的是为何？这肯定会对德福兰造成惨痛的创伤，也会导致抗议者制造许多虚假与无耻的宣传来干扰此次案件审判，而且对德福兰的履历与声誉的影响都是致命的。"[37]还有传教士说："他们的举动对现在中国如此多传教士来说是不幸的，他们的政策只是无代价的去获取中国人的支持，而不顾公平合理的原则。他们看起来认为这样会赢得中国人，让中国人明白他们总是对的，而不道德的传教士是错误的。"[38]8 月 4 日，在青岛度假的另外 27 名传教士也公开回应此事，同样匿名刊发于 8 月 7 日的《京津泰晤士报》上，他们宣称大多数传教士是支持困境中的德福兰的，而他们也拒绝不信任同伴与攻击德福兰的行为，且会给予德氏各种所需帮助，并认为会有更多传教士谴责北戴河 27 名传教士的这种不忠诚与非基督徒所为的举动。[39]中国的教会报刊也关注了传教士对此宣言的批评，称："上海《大美

35　《山东德县卫氏博济医院不幸的一件事》，《华北公理会月刊》1931 年第 5 卷第 7 期，第 43-44 页。

36　全文见："The Tehchow Hospital Incident :A Statement by Twenty-seven Members of the American Board Mission", *Peking & Tientsin Times*, July 28,1931,p.7.

37　"Missionaries Strongly Criticized for Attack on Dr. Tucker", *The China Weekly Review*, Vol. 57, No.11,August 15,p.445.

38　"Missionary Group Anonymously Attacks Dr. Tucker", *The China Digest*, Vol.XXIII, No.295, August 8,1931.p.167.

39　"The Tehchow Case", *Peking & Tientsin Times*, August 7,1931,p.6.

晚报》藉词拼击,且有所谓西教士者,亦从而附和之。"[40]此外,在天津的美国商会、美国人协会等团体也公开批评此宣言,甚至要求美国公理会将此 27 名传教士遣返回国。

当时仅有少数传教士支持北戴河传教士的宣言,如有传教士致信该报说,这些传教士的发言忠实践行了基督徒信守的原则,实际并未对德福兰的审判造成不利影响,而且他们还私下表达了对德福兰的同情。[41]德福兰针对北戴河传教士的宣言,实际也是不赞成,其在 8 月 8 日信中则说这些传教士的宣言:"是由于恐惧过于激进与排外的中国人而出现的反应,对德县案解决并不是一个积极因素"[42]。如果仅从案情本身来看,传教士的争论还是因对德福兰杀人案的定性问题产生,北戴河传教士的发言合乎教义规定,但他们攻击本国同事却不合情理,故遭到了其他传教士的抨击。

此宣言也得到了国外传教士的关注,在波士顿的美国公理会总部指出:"发布的这条宣言,在外国团体中引起了反对的暴风雨,主要在于有同工因为被批评而处于遭迫害的危险中时,发布这种宣言是不忠诚的。"[43]在中国生活了 18 年的传教士法瑞德(Wynn C. Fairfield)也在《纽约时报》刊文评论此事,他认为德氏在当时情况下开枪是不明智的,但同时认为 27 名传教士的举动在那时也是失策的,现在还很难预判这一举动对接触到这个宣言的人们的影响。[44]《芝加哥每日论坛报》也关注到了此事,认为 27 人的宣言会有助于国民党党部组织的抗议活动,也会利于国民政府的废约运动,但也会使得数以千计的传教士生命受到威胁。该报还提及在北戴河度假的千余名传教士支持政府审判德福兰,他们还认为中国人应该明白杀人行为是得不到传教士支持的。[45]

40　《社论:基督教义贵在实行》,《兴华周报》1931 年第 28 卷第 31 期,第 1 页。

41　"The Tehchow Hospital Tragedy", *The Chinese Recorder*, Vol. LXII, No. 9, September, 1931, pp.598-600.

42　Letters Concerning the Tehchow Robbery and Killing, August 8,1931,p.10, Special Collections of J. Willard Marriott Library, University of Utah.

43　*"Survey of Missions of American Board", The One Hundred and Twenty-first Annual Report of the American Board of Commissioners for Foreign Missions*, Boston: Congregational House,1931,p.8.

44　"Action But Not Method of the Twenty-seven In China is Defended", *New York Times*, October 4,1931.p.54.

45　"Nanking Seeks Immediate Trial of Dr. Tucker", *Chicago Daily Tribune*, August 25, 1931,p.14.

在英文报刊热议此事之时，虽然北戴河传教士也将此宣言送往了中方报纸，但此次宣言直到 8 月 20 日才在天津的《大公报》上刊登出中文版，其原因在于中方拒绝刊登这个被提供的且对德福兰有利的片面宣言[46]，后又在 9 月份出版的《华北公理会月刊》上被译成中文全文公布。与大多数传教士反对北戴河 27 人的宣言不同，中国信徒却对这 27 名传教士的举动给予高度肯定，认为他们坚持了真理与教义的要求。[47]至于他们被其他传教士的痛责与讽刺，上海的中文教会期刊《兴华周报》的编辑认为："各人有各人的见解，自然不能强同，固不妨表示意见，但亦不应强人从己，对于对方的见解痛加攻击。"[48]基督徒许光迪则表示："我不知道那是因为老幼意见之分歧，还是由于国界思想浓厚的关系。"[49]当时中国基督徒看法也认为从基督教义与法理角度来讲，都应反对领事裁判权，对德福兰应当依法审判。如从基督教义来说，基督教讲求博爱容忍，反对暴力流血，希望推爱及敌，故德氏此举显然有违教义要求。还有基督徒试图将此案与基督教、治外法权划清界限，希望严格按照法律办理，称："开枪一事，我们以基督教的立场，不能左袒载氏，何况法律亦无处死窃盗之许可，即使应得死罪处分，亦应交由法庭裁判执行，私人不得擅自处理。本案自有法律可以持平解决，与基督教本身及治外法权之取消与否，均无关系。"[50]少数中国基督徒希望此案能得到认真且公正的调查，但仍从教会利益出发，替德福兰辩护，"希望调查能证明死去的暴徒是携带武器的，所以德福兰开枪绝对有必要，这是为防止他的生命受到更严重的伤害"。[51]可见中国基督徒在"非基督教运动"的冲击下，教会本色化进程加快，基督徒的民族意识更加觉醒，多数基督徒在此次案件中谴责德福兰，呼吁废除传教特权，这也是他们的民族与宗教感情所决定的。

此案另一争论焦点，为传教士在华携带枪支及武器自卫问题，因此问题在中美两国法律规定中差异较大，故也引起教会内部的激辩。自传教士近代入华

---

46 "Action But Not Method of the Twenty-seven In China is Defended", *New York Times*, October 4,1931,p.54.

47 Li Tsun-Cheong, "Should Missionaries Kill?", *The China Weekly Review*, Vol. 58,No.1, September 5, 1931, p.25.

48 《社论：基督教义贵在实行》，《兴华周报》1931 年第 28 卷第 31 期，第 1 页。

49 许光迪：《从德案谈到武器保卫》，《华北公理会月刊》1931 年第 5 卷第 9 期，第 12 页。

50 《社论：基督教义贵在实行》，《兴华周报》1931 年第 28 卷第 31 期，第 1 页。

51 Li Tsun-Cheong, "Should Missionaries Kill?", *The China Weekly Review*, Vol. 58,No.1, September 5, 1931, p.25.

后，鉴于中国动乱的社会环境及国人对传教士的敌视，来华传教士多携带枪支传道以图自卫，而此类现象在义和团运动高峰时期更为普遍。当时清政府及民国政府对外人持枪行为虽然并不认可，但在管理上对此行为仍然是默许态度，更重要的是英美等国家本土允许私人持枪，来华外人又不受中国管辖，各国驻华公使则准许他们携枪。1930 年，国民政府军政部为限制外人在华持枪，曾制定颁布《旅居中国外人自卫枪照暂行条例》，规定外人携带自卫枪支应向当地政府申请领取枪照，并由所在地领事担保[52]，实际也保证了外人持枪合法化。因此案牵涉出的来华传教士是否可持枪自卫的问题，在教会内部的争议也颇大。在 7 月 25 日北戴河 27 名传教士的宣言中，他们曾表示不赞成传教士使用致命武器来保护财产。[53]虽然在同年 9 月北平召开的华北基督教公理会促进董事部特会上也曾提出此问题，但因内部意见不一，会议决定以后再行讨论此事。[54]华北公理会基督徒许光迪则以平教徒的资格对德氏持武器杀人发表评论，认为其在法理上是防卫过当，其最后提到原则上主张可以用武器保卫教产及个人性命，在严重时期，劝西人只作间接的防卫，谨慎从事。[55]在上海的英文《教务杂志》还提到了德福兰的手枪乃是另一传教士所提供，其本人的手枪早已被盗。该刊认为在华传教士是否该使用武器为争议性问题，可能会刺激中国基督徒去更紧密地探讨武器使用问题，并因此会促使个人、团体及国家完善这方面的规定。[56]当时在华北的暑期学生夏令会上，也专门探讨了在处理经济纠纷时是否应使用武器，但只有少数与会者支持使用武器。多数的基督徒认为即使他人侵犯了自己的生命与财产安全，但夺走他们的生命也是不正义的。[57]可以看出，尽管中美对持枪规定差别极大，但在国内的多数传教士及基督徒也反对持枪导致的防卫过当行为。

此案发生后，德福兰所在的华北公理会也积极应对。7 月 28 日，华北公

---

52 《外人请领枪照》，《申报》1930 年 4 月 6 日，第 16 版。

53 "The Tehchow Hospital Tragedy", *The Chinese Recorder*, Vol. LXII, No. 9, September, 1931, p.597.

54 《华北基督教公理会促进董事部特会记录》，北平，1931 年，第 6 页，上海档案馆藏，档案号：U115-0-8。

55 许光迪：《从德案谈到武器保卫》，《华北公理会月刊》1931 年第 5 卷第 9 期，第 14 页。

56 "The Tehchow Hospital Case", *The Chinese Recorder*, Vol. LXII, No. 9, September, 1931, p. 542.

57 "Shall Missionaries Shot", *The Missionary Review of the World*, Vol. LIV, No.11, November 1931,p.871.

理会总干事常德立（Robert E. Chandler）及该会传教士高厚德（Howard S. Galt）还曾赴济南会晤萨贲德，并谒见美领事米赫德，了解此案情况，美领答复说："此事之最后解决，须由美国法庭审理之。"[58]后该会传教士万卓志（G. D. Wilder）由北戴河返德县为办理善后事宜。同时，华北公理会华人干事魏振玉于29日面见德福兰，代表该会表示慰问，并面见美领事。因局势紧张，30日，魏振玉又赴德县，与德县的教会、学校及医院三方开会商讨解决方案。后三方以德县基督教公理会联合会为名义公开发表宣言，从基督教义出发要求依法审判此案，称："德福兰君之因保护教产，枪杀华工友王国庆，其背乎基督主义自不待言，吾人为光大基督主义起见，对于德君数十年来服务社会成绩昭然，因一时失慎而发生之不幸案件，自然有无限的惋惜，然持枪杀人，虽事出有因，亦为吾人所不能原谅而一致反对者也，更望此案依法律公平判决。"[59]因北戴河27名传教士发言影响甚大，华北公理会干事部也被迫于8月6日认可了这些传教士私自发布的宣言，并称："德福兰虽因卫护共产，及慎重安全，不幸枪杀工人，在他的觉悟中，已有很深的痛悔，然已不能挽救了，切望我基督教同人，布道同工，深加注意警醒。"[60]实际从华北公理会的各方反应看，他们从基督教的博爱主义与法律角度评判此事，并未袒护同属美国公理会在华差会的德福兰。

当时教会内部对于德福兰的安排，也产生了争论。7月28日，在北戴河的传教士还建议德福兰夫妇辞职。而在德县的传教士于7月31日则决议请求美国公理会总部继续挽留德福兰在德县医院工作，以促进德县的教会事业发展。[61]德福兰为躲避风头，也于1931年8月13日向美国公理会总部递交了辞呈，辞去在德县的工作，并于次日对外公布其决定，美国公理会则于9月14日收到其辞呈。[62]而在是年9月16-17日于北平召开的华北公理会促进董事部的特别会议上，会议代表对德氏脱离华北公理会表示惋惜，并请求美总会挽留

58　《魏振玉牧师致董事部函》，《华北公理会月刊》1931年第5卷第7期，第42页。

59　《德县公理会联合宣言》，《华北公理会月刊》1931年第5卷第7期，第44页。

60　《山东德县卫氏博济医院不幸的一件事》，《华北公理会月刊》1931年第5卷第7期，第44页。

61　"A Chronology of the Tucker Case", *Papers of the American Board of Commissioners for Foreign Missions, Unit 3, Missions to Asia*, Woodbride, Conn: Research Publications, 1982, Reel 254, p.635.

62　"A Chronology of the Tucker Case", *Papers of the American Board of Commissioners for Foreign Missions, Unit 3, Missions to Asia: China General*, Woodbride, Conn: Research Publications, 1982, Reel 254, p.635.

其在美服务或借与在华其他机关服务。[63]实际上，之后美国公理会总部同意德福兰到在华活动的英国循道公会名下服务，后德氏根据该差会安排，先后在华北、华中及西南地区从事医疗救助活动，直至 1941 年回国。

德福兰案件发生后，从教会内部产生的争论，也可彰显当时在华教会的复杂情况。从此案也可看出，来华传教士在对待领事裁判权等外人在华特权的问题争论极大，实际自清末以来传教士内部即对此问题讨论不休。[64]早在 1927 年的"南京事件"后，德福兰所在的华北公理会部分传教士即曾致电美国总部，希望其督促政府撤废外国侨民在华所享之治外法权，"吾等深信差会与宣教士继续依赖传教条约上之特权与利益为不合基督教原则，因此吾等甚愿促本国政府对取消传教条约从速办理。"[65]当然也有传教士基于保护自身利益，反对废除在华传教特权。实际自近代传教士来华传教后，其内部始终存在传教路线、方针等方面意见分歧，当然这也体现在对德福兰一案的态度上。部分来华多年的传教士，熟悉中国社会文化，期望基督教获得国人的认同接受，故他们对德福兰的行径多站在中国人立场上取同情批判态度，没有一味为其辩护，而是从基督教义与法理角度评判谴责此事，体现了他们维护正义与实事求是的可贵精神，他们同样也是支持废除领事裁判权的一派传教士，不希望因为受到特权保护而引起国人敌视，但这也是出于在华传播基督教的考虑。但还有部分传教士则还是尊崇西方基督教文化，对中国文化持排斥态度，还是从维护所在教会及本国同胞利益的狭隘民族感情出发，为德福兰进行辩解，同样仍希望享受领事裁判权的保护，当然这也在于他们对中国不甚完善的法律的质疑，担心会遭到不公正对待。

1931 年的山东德福兰案，反应出传教士在中国地方社会中的尴尬地位，虽然他们用教育、医疗等服务于地方社会，但其基督教传播者身份仍然受到党部、民众及中方舆论的反对。特别是中方舆论多是借故攻击德福兰而迁怒于基督教，显示出国人对受条约特权保护的基督教传教士仍带有严重的敌视，但南京政府时期的反教形式已经相对理性中和，未再出现诸如义和团运动那样的暴力反教案件。然此案件背后所折射出的中国民族主义情绪与义和团时代的

63　《华北基督教公理会促进董事部特会记录》，北平，1931 年，第 4 页，上海档案馆藏，档案号：U115-0-8。

64　关于当时传教士对在华领事裁判权撤废讨论，可参阅李传斌的《基督教与近代中国的不平等条约》（湖南人民出版社，2011 年）。

65　《华北公理会致美国差会及教会书》，《中华归主》1927 年第 73 期，第 7 页。

盲目排外在部分方面仍有心理上的同构，这种不自信的弱者与受害者心态看似义正词严、慷慨激昂，实则是一味追求政治正确的偏激与愚昧，这也是近代以来妨碍中国人反思自省的一大障碍。当然南京国民政府与当时社会舆论不同，尽管政府反对德福兰杀人，却不公开反对基督教在华传播，这也是受条约规定所影响所致。

与一般的中美交涉不同，除了牵涉其中的领事裁判权问题外，德福兰的传教士身份又为此案增添了基督教背景，更使问题扩大复杂化，反映出基督教在近代政治外交中产生的特殊影响。德福兰作为治病救人的医学传教士，虽屡屡参与救济，救死扶伤，却因枪杀王国庆导致身份与行为上的直接冲突，并为此遭到国人及其他传教士的抨击谴责。从教会内部的争论来看，宗教信仰与民族感情之间的冲突，是基督教中国化面临的一大难题，在近代中国未得到切实融合。来华基督教因不平等条约的规定而在中国享有各种特权，往往会受到民族主义者的抨击，但部分传教士坚持政教分离、呼吁放弃领事裁判权等特权，以免引起国人对传教士与西方国家关系的误解与反感，但他们的建议却不被美国政府所接受，也彰显了外人在华特权与传教士态度之间的冲突及政教关系之尴尬，这也在此案件中有所体现。

第五章　从燕京大学看教会大学与 1946-1948 年的学生运动

　　燕京大学作为华北著名的教会大学，受校内自由民主的氛围及中共地下党的精心组织影响，加之国民党对其管控相对较松，故燕大在解放战争时期的学生运动中比较活跃，成为北方重要的学运中心。学界对于此时期燕大学生运动的概况已有较多研究，但对于燕大教师在学生运动中的表现，学界却关注较少。[1]为此，本章利用燕大相关的报刊、档案及回忆录等资料，考察在 1946-1948 年的燕京大学学生运动中，燕大中外教师及校方的具体反应与态度，着重梳理基本史实，并分析其在学生运动过程中发挥的重要作用。

第一节　燕大教师在学生运动中的反应

　　抗战胜利后，国内呼吁和平之声高涨，但国民党却执意发动内战，镇压民主运动，并且美国在华助纣为虐，这些都遭到国内学生的强烈不满。故燕大学生当时同全国高校一起开展了抗议国民政府与美国的学生运动，在 1946 年底抗议美军暴行运动、1947 年 5 月的"反饥饿、反内战"大游行、1947 年底的抗议于子三惨案游行，1948 年的四月学潮及是年 6 月的反美扶日运动及 7 月的抗议

1　目前学界对 1946-1948 年燕大的学生运动，多是在校史及通论性著作中提及，如张伟瑛等编：《燕京大学史稿》（人民中国出版社，1999 年）；张大中等主编：《解放战争时期北平学生运动史》（北京出版社，1995 年）、徐康编：《青春永在：1946-1948 年北平学生运动风云录》（北京出版社，2004 年）等，但多是叙述其过程，对燕大教师在学生运动中作用却论述薄弱，在史料、史实方面均仍需要挖掘。

国民党镇压东北学生运动中，都成为北平高校的积极参与者。燕大学生运动得以持续高涨，与燕大教师的态度密切相关。当时受基督教民主、自由、博爱精神影响，燕大教师虽然不鼓励学生罢课游行，认为学生当前重心是读书，但是多数教师对学生运动还是持同情态度，部分教师还参与了学生游行。[2]

1946 年 12 月 24 日夜，因美军强奸中国学生沈崇，引发了北平抗议美军暴行运动，燕大学生参与其中，更得到校内教师同情。12 月 30 日，燕大学生进城参加抗议美军暴行游行时，燕大教师雷洁琼，阎简弼激于义愤，响应同学要求，自动前往参加。大多数教职员对学生此举均表同情，均一致主张，为保全中美两国人民传统之友好情感计，驻华美军应立即撤退回国。且只有撤退驻华美军始为防止美军暴行之治本办法。[3]1947 年 1 月 6 日的《燕京新闻》还发表了雷洁琼、翁独健等教师对此案的意见。如翁独健提出："为中美人民感情计，应惩凶，但惩凶是治标，治本之法为美军撤退"；雷洁琼则表示称："此事影响中美邦交，美国口头道歉是不能保证以后不再生此事，治本之法为美军撤出中国。"[4]燕大学生自治会还发动抵制美货运动，也有该校 13 名教授和两名美籍教授签名赞同。[5]在此形势下，北平行辕主任李宗仁曾让顾问甘介侯来平"疏通"，妄图缓解北平的学生抗暴斗争。甘介侯拜访了雷洁琼、严景耀夫妇，请他们向学生多作解释，但被他们以事关国家名誉而严词拒绝。[6]1947 年 2 月 22 日，为抗议北平军警大规模逮捕进行反美暴行运动的学生，北大、清华朱自清、向达等十三教授发表要求保障人权宣言。因燕大也有多名学生被捕，故燕大的赵紫宸、赵承信、雷洁琼等十七人联名发表宣言，响应上述宣言，对北平地方当局违反中央法令的非法行为，提出严重抗议，而且要求把无辜被捕之人民从速释放，并保证不再有此侵犯人权之举。[7]

燕大教师还对 1947 年 5 月的"反饥饿、反内战"运动表示支持。为配合北平高校的统一行动，燕大学生于 1947 年 5 月 19-21 日罢课三天。燕大教授赵承信等对学生罢课表示同情，认为其要求政府提高教育公费，实出于不得

2　因燕大外籍教师众多，曾在学生运动中发挥了特殊作用，故将在下文单独叙述。

3　《本校教职员对学生游行之反应多数主张美军应撤退以保持中美人民友情》，《燕大双周刊》1947 年第 30 期。

4　《教授发表意见支持学生运动》，《燕京新闻》1947 年第 13 卷第 8 期，第 2 版。

5　《燕大师生发起抵制美货运动》，《新华日报》1947 年 1 月 3 日，第 2 版。

6　水世琤：《雷洁琼重返燕园后争取民主的斗争》，《燕大文史资料》第 7 辑，北京出版社，1993 年，第 70-71 页。

7　《响应十三教授保障人权宣言》，《燕大双周刊》1947 年第 33 期，第 288 页。

己。[8]特别是 5 月 20 日当天，燕大学生冲破阻挠，与北平学生一起参与了轰动北平的大游行。在 5 月 20 日-28 日期间，燕大教授、助教、职工等在校内还多次集会，发表宣言，支持学生，呼吁制止内战，成立联合政府，挽救教育危机。如 5 月 24 日，针对国内掀起的反饥饿、反内战游行，燕大部分教师联合北大，清华，南开等八大学教职员，发表反对内战、呼吁和平宣言，希望立即停止内战，以诚意谈判并实现和平，迅速依照政协路线，成立联合政府，办理善后。[9]5 月 25 日，燕大教授李荣芳、雷洁琼等 32 名教授又对学潮发表宣言，对学生行动表示理解，认为只要政府能够平心静气，设身处地，为学生着想，而不采取压迫干涉的手段，各地教育界同仁应该有此自信，能够开导学生合理进行他们的运动，进而收拾各地日渐蔓延的学潮。[10]此次运动后，到 1947 年 11 月初，燕大学生为抗议浙大学生于子三惨遭国民党迫害致死又进行罢课，也得到教师响应。如 11 月 6 日，燕京大学教职员同学生联合发布宣言称：为保障人权，促进法治，吁请国民政府于逮捕审判反对政府之嫌疑犯时，应依中国现有之法律规定，并取合法手续，并希望政府对于学生及其人士之业已被捕者，能够迅速合法公开审判。[11]

国民政府当局面对学生运动，多是采取分化学生与教师，制造学校当局与学生的对立来应对，但在 1948 年由保卫华北学联引起的北平四月学潮中，燕大教师仍然对学生给予支持。如燕大学生在 4 月 3-5 日罢课三天后，为抗议北大被警察包围于 4 月 6 日继续罢课时，燕大讲师助教职员联合会曾发表宣言，对北大清华等国立院校要求提高教师待遇给予响应，于 4 月 6 日也停课一天，后得到 450 多名教师签名支持，并于 7-8 日继续停课，变相呼应学生的罢课。[12]同时，翁独健、蒋荫恩等 9 名教授也在 4 月 7 日去信学生，希望他们可以期满休罢。[13]燕大学生也本计划 9 日复课，但在 4 月 9 日凌晨，北平军警进入北平师院殴打逮捕学生，造成"四·九"血案，为此学生决定继续罢课。面对学生的持续罢课，燕大教职员 4 月 9 日下午还开全体大会，决定成立对外联络、

8　《燕京清华教授同情学生行动》，《燕京新闻》1947 年第 13 卷第 26 期，第 1 版。

9　《呼吁和平反对内战宣言》，《燕大双周刊》1947 年第 39 期，第 321 页。

10　《燕京大学教授对学潮主张宣言》，《燕大双周刊》1947 年第 39 期，第 322 页。

11　《呼吁保障人权，促进法制，本校师生联合发表宣言》，《燕大双周刊》1947 年第 48 期，第 369 页。

12　《北平四月学潮真相》，北京大学档案馆藏：燕京大学档案（下同），档案号，YJ1947010。

13　《燕大昨日情形》，《益世报》（天津），1948 年 4 月 8 日，第 3 版。

课业及宣传报导三委员会,同时提出三项原则,希望同学间谅解、师生间谅解,认为同学们可以参加各种工作及运动,但亦不妨碍学业。[14]燕大108名中外教职员在当天还签名致函北平行辕主任李宗仁称师院捕人事件导致学生陷于恐怖状态,正常教育无法维持,希望其有以教之[15],此函次日送达行辕。4月11日,北平当局捣毁北大、师院的教师住宅、设施后,燕大教职员又于12日上午召开大会,并发表中英文抗议宣言,称正常教育难于进行,师生安全复无保障,决定在4月12-13日罢教罢职两日。[16]4月19日,国民党北平市党部主任吴铸人在讲话中称学潮目的为"奸匪宣传",希望北平高校教授不要被"奸匪"利用,遭到林耀华、高名凯等燕大与北大、清华等校90名教授的联名抗议,控诉了地方当局对学校师生的迫害与暴行。[17]在燕大的四月学潮中,最有意义之处在于教职员的罢教罢职支持学生运动,这在燕大学运史上也是空前的举动。对于此次燕大师生的团结斗争,正如燕大反迫害反饥饿行动委员会所称:"在政府血腥的蹂躏人权,摧残自由之下,民主与反民主之间已没有第三条路可走,打破了对政府任何的幻想,使大家共同依靠团结。这不但扩大了民主的行列,更清除了政府分化同学,制造学校当局和同学对立的基础。"[18]

　　1948年6月的反美扶日运动开始后,美国驻华大使司徒雷登(John L.Stuart)6月4日发表了为美国扶日辩护的声明,诬蔑青年学生的运动,引起燕大学生的强烈不满,并于6月9日参加了北平高校的抗议游行。由于此次运动直接涉及到在燕大工作多年的司徒雷登,部分燕大教师对此存在顾虑,认为错在美国政府,而不是司徒雷登,且他曾在燕大办学有很大贡献,故对学生的此次抗议游行运动并不支持。对于学生的抗议活动,燕大教师金光德在1948年6月为毕业学生的道别辞中给予了理解,称中国数年来都看不见光明,为此:"我们呼吁的安定、和平、民主、康乐的社会,国家和世界,其实现必然要待我们每一个人贡献出理论来,而且也要我们大家联合起去争取那一天的到来。"[19]1948年7月5日,国民党在北平镇压东北学生,造成"七五血案"后,燕大学生也

---

14 共青团中央青运史工作指导委员会等编:《中国青年运动历史资料》第18集,中国青年出版社,2002年,第107页。

15 《燕大教职员致李主任书》,《燕大三年》,北平,1948年9月,第94页。

16 燕大校友会编:《燕京大学1945-1951级校友纪念刊》,北京,1994年,第91页。

17 《九十位教授质问吴铸人》,《燕京新闻》1948年第14卷第25期,第1版。

18 燕京大学反迫害反饥饿行动委员会编印:《生与死的搏斗》,北平,1948年,第44页。

19 金光德:《道别辞》,《燕京年刊》,北平,1948年,无页码。

开展了控诉抗议活动。燕大教师雷洁琼、翁独健、林庚等同北平的大学教职员 400 余人还在 7 月 12 日发布《七五血案抗议书》给予呼应，希望政府严惩凶手，从优抚恤伤者，并赔偿一切损失。[20]

面对物价飞涨，通货膨胀，教师也面临着生活困难的问题，燕大教师还同学生一起进行了抗争。如燕大师生呼吁政府实行全面配售，行动一致进行罢课罢教。燕大学生自治会为支持友校，自 1948 年 10 月 28 日起罢课三天。10 月 28 日，燕大教授会也发表停教三日宣言，称："同人等以本校虽系私立大学，所受影响，亦无异致。经济煎迫，切身攸关，特经教授会决议，于此期间，忍痛停教，尚望政府，急筹有效办法，以挽危局，特此宣言。"[21]当时燕大讲助职联合会 28 日起亦停教停公三天，发表宣言给予呼应。燕大师生们的此次共同行动，也是生计所迫进行抗议，并非反对国民政府的统治。

虽然多数燕大教师反对参与政治，但对学生运动也并非一味排斥，而是采用适当的方式给予关心。因国民党当局认为学生运动背后有人指使，燕大社会学系的严景耀 1947 年 5 月还在《燕京新闻》专门发表《学生运动与青年修养》一文对此说法给予了驳斥，认为其为自在、自觉、自为的集体行动。他指出："因为正义感这样深的青年，在自觉自为的发展着学生运动的时候，除了真理，谁也指使不了的……只有使中国走上独立民主自由统一的大道上去，才可使学生安心读书，才可使学生运动消沉下去。"[22]对于燕大教师在学生运动中作用，有燕大学生给予高度评价，曾总结称：在艰苦的岁月里，我们的师长曾给予了我们无比的鼓舞和力量……我们的先生不只是揭发了，痛斥了国民党的罪恶，同时还明确地指示我们如要获得最后的胜利，需要"进行持久的努力"。在课堂上我们得到了先生的教诲，在实际斗争中我们更获得了先生的关心爱护。[23]这也是燕大教师在学生运动中表现的真实写照。

第二节　燕大校方对学生运动的态度

当时燕大校风比较民主开放，保证学生自由表达的权利，校方对燕大学生

20　《平各院校教授发表"七五"血案抗议书》，《益世报》（北平），1948 年 7 月 12 日，第 4 版。

21　《燕京大学教授会停教宣言》，《燕大双周刊》1948 年第 65-66 期，第 463 页。

22　严景耀：《学生运动与青年修养》，《燕京新闻》1947 年第 13 卷第 25 期，第 2 版。

23　金庆瀛，〈四年回顾〉，《燕京年刊》，北京，1950 年，无页码。

运动采取默许态度。这可从代理校长陆志韦1946年3月讲话中看出，他强调学生对国事审慎不要盲从："希望同学务先认清局势，再来有所表示，而校方同人亦自本20年来一贯之作风，不惟不加阻挠，且必赞同协助。"[24]当时因校内学生运动的活跃，曾有国民党官员要求陆志韦加以约束，他则回答称："燕大的校训是'因真理，得自由，以服务'，学生们追求真理有什么可指责的？连美国教员也支持学生呢！"[25]

燕大校方对参加游行学生给予最大保护。如1946年12月30日，燕大学生进城参加抗美暴行游行，校方对此采取不干涉态度，并特派教师林启武陪同，以便沿途照料学生。陆志韦还坚持呼吁政府请美军立即撤出中国，并对学生游行表态称："不论何国都不应在华驻军，因为时代已过去，已无必要；此次游行不应是专对美军而发；此系小事，但有大意义，惟不应因此引起其他纠纷。"[26]但当学生自治会在1947年1月8日向校方提出将在燕大美军军官子女退学时，陆志韦表示不予接受，且认为此举是徒伤感情。[27]1947年2月，因抗议美军暴行，传国民党特务将大捕学生，燕大同学严加戒备，陆志韦则表态由校方尽全力保护，在可能范围内，决不令同学遭受非法之逮捕[28]。在1947年5月的学生罢课游行中，5月18日晚，陆志韦、代理校务长窦维廉（W.H.Adolph）等校方代表在西门坚守，先后劝退了试图进校破坏的国民党便衣与军人，并同时关闭了东南二门。[29]北平警备总司令部总司令陈继承早在5月19日曾致函陆志韦，请他劝阻同学勿参加20日之反饥饿、反内战大游行。陆志韦20日则函复称：手无寸铁，舌敝唇焦，劝不住学生游行。[30]当时陆志韦确实曾劝说学生，与学生自治会代表恳谈，但燕大学生未听，并向校方保证绝不致有任何行动与治安抵触。[31]而且燕大校方在学生游行时，除委派教师陪同外，还经常派

24　《陆志韦对燕大同学称先认清局势然后行动，对国事审慎不要盲从》，《解放日报》1946年3月17日，第2版。

25　陆志韦传编写小组：《陆志韦与燕京大学》，《杏坛忆旧》，北京出版社，2000年，第63页。

26　中共北京市委党史研究室编：《抗议美军驻华暴行运动资料汇编》，北京大学出版社，1989年，第389页。

27　《燕大抗议美兵案余波》，《大公报》（天津），1947年1月10日，第3版。

28　《抗议美军暴行，传特务将大捕学生》，《燕大双周刊》1947年第32期，第280页。

29　《燕京继起罢课》，《益世报》（天津），1947年5月19日，第4版。

30　《陆志韦先生函复当局》，《燕大双周刊》1947年第39期，第322页。

31　《燕大与军警机关往来函件》，燕京大学档案，档案号：YJ19480067。

出汽车携带着食品接进城游行的学生回校。据陆志韦儿子回忆称："记得每次学生游行都有学校的好几个行政部门自动予以支持。校医处、汽车和学生食堂是其中的当然成员。"[32]如 1948 年 4 月 9 日下午，燕大与清华学生进城参加游行请愿时，校方为保护同学，特委派严景耀教授作为代表随同请愿。[33]1948 年7 月 9 日，燕大部分学生本计划进城参加抗议国民党在北平镇压东北学生的游行时，但被国民党特务暴徒阻挡在西直门外未能进城，并受到他们攻击。为此校方派出多辆汽车，在博晨光（L.C.Porter）、严景耀等多名中外教师带领下，与国民党当局进行交涉，阻止了国民党青年军的拦截，在当晚护送被困学生安全返回学校。[34]

　　燕大校方特别注重学生运动中校内的师生的团结。1947 年 3 月，因苏联在莫斯科的四国外长会议上干涉中国内政，燕大学生内部为是否参加抗议游行发生争论时，陆志韦在 3 月 19 日发表"致同学书"中希望学生不要互相谩骂，产生口舌纠纷，"所望此后发表意见，务各仔细斟酌，总期不涉意气，不事讦诘。"[35]1948 年四月学潮中，燕大学生自治会不顾教师劝阻，曾发起职员工友学生诉苦大会，控诉当局行动，引起校方及少数教师的不满，认为学生太过火，甚至校方曾一度在 4 月 7 日将外出的学生宣传队关在东校门外，学生自治会为此宣布要领导同学同校方抗争。[36]后经陆志韦、翁独健等 9 位教授出面居中调停，燕大在 1948 年 4 月 10 日上午召开全体师生大会，校方在会上强调加强师生团结，也希望学生及早复课[37]。4 月 10 日，鉴于北平军警在师院殴打师生，燕大校方还联合北大、清华等校向北平当局发出抗议函，同时致电南京政府教育部，要求追究凶手，依法严惩，并保障人权，制止再发生类似事件。[38]在北大、师院 4 月 11 日遭到军警破坏后，此时燕大校方认为事态已非学生罢课问题，而系全面教育工作危机及学校安全自由问题，故其一面劝导学生于

---

32 陆卓明：《回忆燕园内外》，《燕京大学校长陆志韦》，北京，2006 年，第 159 页。

33 《未名湖畔的风云——记解放战争时期北平燕京大学地下党的斗争》，《文史资料选编》第 20 辑：北平地下党史料专辑（下），北京出版社，1984 年，第 161 页。

34 《从"七五"到"七九"》，《燕大三年》，第 99 页。

35 《燕大少数特殊份子，侮辱爱国游行学生》，《华北日报》1947 年 3 月 22 日，第 5 版。

36 燕人：《燕京的不愉快事件》，《群众》1948 年第 2 卷第 16 期，第 20-22 页。

37 《北平四月学潮真相》，燕京大学档案，档案号，YJ1947010。

38 共青团中央青运史工作指导委员会等编：《中国青年运动历史资料》第 18 集，第107-108 页。

14 日复课，一面联合全校师生向政府严重交涉。[39]后燕大学生自治会 13 日晚决定次日复课，成为北平第一个复课的大学。

燕大校方还对被捕学生进行营救，并竭力保护国民党搜捕的学生。1947 年 9 月 28 日，燕大学生龚理康因拜访其中学老师也是共产党员的陈琏而遭到逮捕。燕大文学院院长梅贻宝 9 月 30 日亲自出面与北平市政府交涉，希望尽快消除误会放人。10 月 1 日晨，窦维廉又进城与警察局交涉，警局承诺当天放人，但到下午五时仍无消息，故其又到警局交涉，直到当天下午 6 点，亲自将被关押三天的龚理康从北平警备总司令部接出。[40]再如 1947 年 10 月 24 日，燕大回复北平警备总司令部搜查少数燕大学生时称："针对该处所请求追查的学生，张占元等三生毕业离校，其余沈立义等六生经敝校训导，详加考察，并非共党，已免其各自检束，勿涉嫌疑。"[41]当然燕大校方对学生的保护，只是出于其教育职责所在，并非代表其政治倾向。

针对学生频繁的罢课，燕大校方也在采取应对措施。1948 年 4 月 20 日，燕大教务委员会拟定应对方法并向窦维廉提出称：原则上学生有自由参加罢课或继续念书的权利；授课老师可自由且谨慎的处理有关学期应完成的工作，希望不要参杂对学生的个人同情。[42]在此基础上，4 月 22 日，燕大公布了《罢课期间课业进行办法》，其中规定：罢课期间，教员应当为自愿继续学业之学生进行课业，惟其地点各教员得自由选择；罢课期间，学生不得采取任何方式阻碍他人之愿望或强制他人作违反本人意志之行为。[43] 5 月 10 日，校方又颁布《罢课期间学业进行办法》，对上述条例进行了部分修订，试图平衡学生罢课和学业的进行。

1948 年夏，国民党当局还利用特种刑事法庭迫害进步学生，发生了所谓的"八一九"大搜捕，直接牵涉到燕大学生，校方则竭力应付。是年 8 月，根据国民政府行政院发布的彻底肃清"匪谍"通令，北平高等特种刑事法庭于 8 月 18 日通知燕大称：刘适、包儒等 17 名学生有重大犯罪嫌疑且有逃亡之虞，除签发拘票由军警宪执行逮捕外，另请查照将该生等交案以凭讯办。同日，该

---

39 《北平四月学潮真相》，燕京大学档案，档案号：YJ1947010。

40 《龚理康同学遭非法逮捕，全校罢课二日严重抗议》，《燕大双周刊》1947 年第 45 期，第 355 页。

41 《燕大与军警机关往来函件》，燕京大学档案，档案号：YJ19480067。

42 《有关学生运动的信件及材料》，燕京大学档案，档案号：YJ1947010。

43 《有关学生运动的信件及材料》，燕京大学档案，档案号：YJ1947010。

庭又通知燕大对吴其进等 14 名犯罪嫌疑人进行传讯，并称在接到传票后到法庭报到接受询问。燕大对此答复称：除吴其进外，其余人皆不在校，不能送达，仅能送吴其进一人。[44]结果住在校外的吴其进在 19 日进校时即遭到军警逮捕，燕大校方当天即将其保释出狱，并保证随传随到。上述涉及的燕大共 31 名学生的姓名也同北平其他高校被列入"黑名单"的学生都被刊登在 8 月 19 日北平的《华北日报》等报纸上。但在黑名单上的燕大学生大部分或暑假回家，或毕业离校，或是已在解放区，只有 8 人在校。

8 月 19 日晨，燕京大学便被国民党军警包围，并声称要进入学校搜捕。在此形势下，燕大学生自治会向校方建议召开全体师生大会，驱除部分同学恐怖情绪，安定学校工作。但师生大会由于校方犹疑，在当天始终未开。校方主要怕"刺激"校门外军警，借口冲入，而且认为非至最危急时，不便表示，以留后步。[45]陆志韦一方面与国民党当局交涉，拒绝了其提出的 20 日进校搜查要求，以赢得时间，一方面采取措施，劝说名单上的同学紧急撤离。经陆志韦协调，8 月 20 日晚，6 名在黑名单上的同学到美籍教师夏仁德（R. C. Sailer）家中躲避，后在其帮助下于 21 日凌晨化装后成功突围[46]，留下的 2 名身体较弱的同学也于 8 月底安全撤离。到 21 日下午，名单上的同学都安排妥当后，陆志韦才与国民党派来的军官开始了谈判，讲好了约定的条件，要求军队不入校，进校警宪只查名单上的学生，不查别人，学校不同警方一起搜查学生[47]。后陆志韦召集全体师生大会，通报了此事，学生自治会会代表希望校方承诺以后不再有类似情况发生，还提出参与搜查，但被校方拒绝。[48]随后 40 名警宪于 21 日下午徒手在燕大搜查，并且部分中外教师跟随监督他们搜查，最终一无所获，后燕大校外监视人员也撤离。[49]由上可见，燕大校方当时对搜捕名单上的学生给予了最大保护。

44　《特种刑庭传讯学生材料》，燕京大学档案，档案号：YJ19480067。

45　北京市档案馆编：《解放战争时期北平学生运动》，光明日报出版社，1991 年，第 496 页。

46　北京市档案馆编：《解放战争时期北平学生运动》，第 497-498 页。

47　陆志韦：《为警宪在校内搜查学生事对在场的学生教职员跟军警谈话》，《燕大三年》，第 107 页。

48　范燕生著，李骏康译：《颖调致中华：范天祥传》，基督教文艺出版社，2010 年，第 232 页。

49　《师院燕京受检查》，《益世报》（天津），1948 年 8 月 22 日，第 3 版。

第三节 外籍教师的反应与地下党对教师的影响

燕大学生运动的顺利开展，也与夏仁德为代表的部分外籍教师的支持有关，这是其区别于其他北平国立大学学生运动的特色所在。当时夏仁德在政治态度上倾向共产党，对学生运动比较关心，并且经常发表谈话或宣言、捐款等形式来支持学生。如 1946 年底夏仁德还曾捐款五万元，予燕大抗议美军暴行会，作为宣传之用。"盖夏仁德教授虽为美国人却深知中国学生此种行动并非反对美国人民，而是反对美军留华和美国对华政策"[50]。在此次运动中，夏仁德还呼吁学生多多参加大游行，而且希望教职员也参加，并称："在已经和平的中国，为何要保留美国武器军队？我本来反对美军驻华"。[51] 12 月 30 日，夏仁德也骑车跟随，参加了燕大学生抗美暴行的大游行，起到了保护与鼓励学生的作用。在之后多次的燕大学生运动中，夏仁德都给予热情帮助，并且还跟随燕大学生参加了 1948 年 4 月 9 日的游行请愿。1948 年时，夏仁德还劝说部分燕大外籍教师对学生革命行动的同情支持，帮助基督徒同学更多地了解、同情、支持和参加争取解放的正义斗争。他也采取各种方式，积极支持和掩护同学的正义行动，在其家中为学生提供革命活动的场所。[52] 在政治上支持国民党的梅贻宝曾称夏仁德对于进步学生竭尽祖护且政见偏左，"在中国政局变化中，他亦是受了左派师生包围，明显的思想偏左。不知那里听来的一套，他认为国民政府是一个极权独裁政府。"[53]

燕大外籍教师还利用其外国人的特殊背景，在营救被捕学生及与地方当局交涉过程中，发挥了特殊作用。如燕京大学女部的外籍教师利用卫斯理学院与宋美龄的关系[54]，设法营救了 1947 年 3 月在北平参与游行并被捕入狱的学生；同年 7 月，当燕大学生与国民党地方武装在学校附近村庄发生冲突后，美籍教师博晨光还出面代表学生与当局进行谈判。[55] 在 1948 年的四月学潮中，

50　《美人捐款抗议美军》，《燕京新闻》1947 年第 13 卷第 8 期，第 4 版。

51　《坚决主张驱逐美军出境，各解放区一致同情纷纷支援》，《人民日报》1947 年 1 月 16 日，第 4 版。

52　《夏仁德在中国》编辑组编：《夏仁德在中国》，世界知识出版社，1985 年，第 103 页。

53　梅贻宝：《大学教育五十年：八十自传》，联经出版事业公司，1986 年，第 98 页。

54　宋美龄毕业于美国的卫斯理学院，而燕大女部与卫斯理学院则为友好学校。

55　Philip West ,*Yenching University and Sino-Western Relation, 1916-1952*,Cambridge: Harvard University Press, 1976,p.164.

外籍教师韦尔巽（S.D.Wilson）、博晨光还一起参与了燕大学生的游行。[56]对于少数外国教员的这种公开支持学生行动，总务长蔡一谔曾称西方人是中国的客人，不宜对中国的内政发表太多意见，但还是有少数年轻美国教员仍然用英语表达了对国民党的意见。[57]

虽然燕大外籍教师在政治倾向上持中间态度者居多，但也有些倾向国民党的外籍教师，并不支持学生对政府的抗议运动。如在 1948 年 4 月燕大学生抗议"四九血案"，并在燕大礼堂举行声援师大集会时，任燕大训导长的美国教师吴路义（Louis E. Wolferz）提出晚上 11 点后，礼堂必须关灯，迫使学生散会。在同一运动中，当燕大邀请清华同学来燕大开会时，吴路义还把东校门关上，不让同学们进校。[58]再如美籍教师包贵思（Grace Boynton）与宋美龄有私交，比较支持蒋介石政权的统治，其对燕大学生抗议国民党的运动非常敏感，甚至对学生运动引发的政治动荡有所不满。[59]对于 1948 年 8 月的国民党大搜捕，美籍教师范天祥（Bliss M.Wiant)曾称："部分被列名的学生其实是无辜的，他们只是珍惜希望帮助国家的好青年，但其他大部分都是煽动的暴民，理应被列入黑名单。"[60]从此也可看出少数教师对学生运动的不同态度。

除了外籍教师外，中共地下党发动燕大进步教师支持学生运动的作用也不能忽视。当时燕大地下党中没有教师党员，故地下党特别注意争取校内进步教师，支持学生运动。在国共内战初期，大学教师对国共两党持中间态度者居多，但随着内战形势的发展，支持中共的进步教师数量增多。由于大学教师有较高的社会声望，但也面临政治上的苦闷与生活上的困难，容易对学生运动产生共鸣，而且他们公开支持学生也可以影响其他阶层的态度。曾有地下党对燕大教授的作用回忆称："对教授的工作做好了，平常他们会给我们多种支持，在重大的关键时刻的支持就更大了。他们在社会上有地位、有影响，讲话有分量，对国民党是很大的压力，使我们不但不孤立，而且很有声势。"[61]当时雷洁

---

56 Dwight W. Edwards, *Yenching University*，New York : United Board for Christian Colleges in China, 1959, p.415.

57 范燕生著，李骏康译：《颖调致中华：范天祥传》，第 206 页。

58 《揭露燕京美帝份子反对中国人民事实》，《新燕京》1951 年第 2 年第 19 期，第 3 版。

59 Philip West ,*Yenching University and Sino-Western Relation, 1916-1952*,pp.182-183.

60 范燕生著，李骏康译：《颖调致中华：范天祥传》，第 231 页。

61 康丁：《燕京大学地下党对教授的工作》，《北京革命史回忆录》第 4 辑，北京出版社，1992 年，第 77 页。

琼、严景耀、翁独健、林耀华等都是燕大的进步教师，比较支持学生运动。如据历史系学生丁磐石回忆称："翁独健教授思想很进步，我那时候经常到他的家里去，很多解放区的广播，我都是在他家听的。"[62]燕大地下党及其外围组织还经常到这些进步教师的家里开会，因国民党不敢轻易对他们的住宅进行搜查，故成为开展地下活动的重要掩护。

燕大地下党为争取团结校内教师，在罢课时还讲求策略。地下党"通过学生自治会和教授商量，罢课时少上的课程以后复课时采取课余补课的办法，教授们很支持，也不辞辛苦愿意给补课，这样搞罢课，教授支持，中间同学高兴，可以团结一切可以团结的力量。"[63]1948年秋季学期时，国统区经济崩溃，民众生活困苦，中共提出了"争生存、争温饱"的口号，并指示燕大地下党不搞罢课游行，主要通过请教授开座谈会、组织访问教授等形式教育群众。[64]如当时身为地下党员的燕大历史系学生夏自强，曾组织进步教授来燕大讲演，逐一拜访了吴晗、朱自清、翁独健、雷洁琼、樊弘等一大批民主教授，和他们交谈，听取他们的意见，并使他们和广大同学直接见面，为他们提供讲坛阐述形势，指明方向，使同学们受到很大教育。[65]对于燕大校内的学生运动，校方与中共地下党更是展开博弈。如范天祥在1948年5月称："现时教职员与学生之间有一定的张力，因为校方颁布了多项规则，表明如果学生在学期完结前罢课会有什么后果。学生自治组织中的共党分子实在活跃，而且非常难以处理。他们希望设法制造更多的麻烦，不断挑起事端，并反抗别人的抑制。"[66]而且国共两党也在燕大校内展开争夺，但中共对师生的活动成效更为成功。

燕京大学在1946-1948年间开展的学生运动，是北平学生运动的重要组成部分，甚至一度因其特殊的教会学校背景成为北平学运的大本营，共同推动了国统区内学生运动的蓬勃开展，而燕大教师在学生运动过程中发挥的作用也不可忽视。当时部分燕大教师虽然不主张学生的激进运动，并与参与学运的学生发生了分歧，但在维护师生共同的民主权益与经济保障面前，仍能发表宣言、集会甚至罢教对学生进行支持。在当时国共内战，社会动荡的环境下，燕

---

62 陈远：《消逝的燕京》，重庆出版社，2011年，第56页。

63 康丁：《燕京大学地下党对教授的工作》，《北京革命史回忆录》第4辑，第70页。

64 荣国浚：《〈关于未名湖畔的风云〉一文的补充》，《文史资料选编》第28辑，北京出版社，1986年，第262页。

65 夏自强：《一生的燕园》，北京大学出版社，2015年，第280页。

66 范燕生著，李骏康译：《颖调致中华：范天祥传》，第223页。

大校方对学生运动也是感同身受，给予充分理解。特别是代理校长陆志韦的态度比较积极，带领校方对学生进行了保护或营救，保证了燕大学生运动开展。燕大的进步教师在中共地下党争取下，对学生运动给予了各种帮助，而夏仁德等外籍教师又发挥了特殊的支持作用，但也有少数外籍教师对学生运动并不认同。随着国统区经济崩溃，国民党统治日渐失去人心，燕大教师中对学生运动支持的人数逐渐增加，成为国统区民主运动中的重要力量。

中篇　基督教与近代中日战争

　　近代中国发生的中日甲午战争、抗日战争中，在华基督教都曾牵涉其中。甲午战争期间，战事也对山东等地传教活动造成影响，传教士也对难敏进行了救助。随着 1931 年日本发动九一八事变，逐渐扩大侵华行动，在华基督教会及教会学校内部面对民族危亡，对于如何救国产生了争论，开展了不同形式的抗日救国活动。日军 1937 发动全面侵华战争后，对英美等在华基督教造成了严重的破环，大量基督教在华产业被轰炸，甚至造成了传教士的伤亡。基督教呼吁国内外捐款捐物，支援前线抗战，开展伤兵救护，与各阶层共同投入到抗日救亡运动的洪流中。本篇主要从山东传教士、燕京大学、华北基督教、《申报》等不同的视角出发，探讨基督教在甲午战争、抗日战争中所受到的影响及其具体应对。

第六章 战火中的福音：从1895年中日山东战事看基督教传教士与甲午战争

中日甲午战争爆发后，受到了在华传教士的广泛关注，他们在《万国公报》、《中西教会报》等报刊进行了广泛报道及评论，美国传教士林乐知（Allen J. Allen）更是因之撰写了著名的《中东战纪本末》一书，对此学界已有较多研究。而1895年1-2月间发生的中日山东半岛战事，也是甲午战争的重要组成部分，然既有研究多是关注此次战事过程，却甚少考察此战事与当地传教士的关系。本章则从此次山东战事入手[1]，主要利用传教士论著、日记、教会报刊等中英文史料，考察此次事件对基督教传教士的影响及他们对此事件的反应与具体行动，进而宏观认识甲午战争与基督教在华传教事业的关系。

第一节 甲午战争中的山东传教士

1894年秋，甲午中日战事爆发后，日军一直积极谋划攻打北洋舰队驻守的威海卫。1895年初，中日山东战事开始，一直持续到2月中旬威海卫沦陷而结束。战事期间，波及了传教士活动的登州、黄县、烟台、威海卫等地，对

1　目前关于此次战事与山东传教士的关系的研究，在关捷主编《中日甲午战争全史》第3卷（吉林人民出版社，2005年）、靳永震的《论甲午战争时期的红十字医院》（《湖南第一师范学院学报》2006年第2期）及孙永军的《论甲午战争中的清军战地救护》（《江苏科技大学学报》2009年第3期）等论著中有简单提及。

他们的日常传教乃至人身安全造成了严重影响，而大部分传教士则多前往沿海躲避。

日军在攻占威海卫前，为了掩护日军在荣成湾安全登陆，给清军造成在登州登陆的假象，曾数次炮击美国传教士聚集的登州。1895 年 1 月 18 日下午，日军的三艘军舰根据之前部署到达登州海岸，向登州府城山顶炮台及城内发炮轰击，清军亦进行还击，但因射程不足并未击中日舰。此次日舰炮击达半小时之久，在登州的传教士深受震动，根据目击者美国北长老会传教士狄考文（Calvin W. Mateer）回忆说，"1 月 18 日下午，忽闻跑击，探悉日舰来攻，北门城西山岭小炮台及城外水军城中驻防华军，亦鸣炮还击，然弹力皆不及舰而堕。日兵舰之开花大弹一颗，则已打入，城墙轰裂，约 200 码，随后击入之弹共 25 颗，毁华屋 9 间，死者 1 人。"[2] 对于日军不宣而战，炮击非军事设施的行为，狄考文亦大为不满，其云："然照万国战例，岂有不先知照，且舍炮台而打城墙之理，我等已通知燕台（烟台）西宪与之理论矣"，[3] 但其此举亦颇为理想化，未洞悉战争的残酷。而在日军此次炮击中，一颗炮弹恰巧击中美国南浸会传教士慕拉第（Lottie Moon）所居住的小院。庆幸的是，日军炮击时，慕拉第正在从平度赶往登州的路上，人身未受影响。据后来慕拉第所述损失情况称："我的院子前墙被击中，其中部分被炮弹摧毁，而前面的木门也受到损失。"[4] 翌日中午，日军 3 舰又来到登州海面，再次炮击登州。

日军数次炮击登州，也对登州城内的美国北长老会所建的学校及该会传教士造成极大损害，但所幸没有造成人员伤亡。[5] 来华传教士受基督教义影响，反对暴力战争，更重视保护普通平民安全。1 月 19 日炮击时，美国北长老会传教士赫士（W. M. Hayes）在一舫艋手帮助下，乘一只中国小船，悬美国国旗和白旗，冒着炮击危险而驶向日舰，希望日军指挥官不要对城内无辜生命与财产进行残忍的破坏，但日军仍如不见，并未停止攻击。[6] 当时日方资料也提及：

2　王炳耀、煜初辑：《近代外祸史：甲午中日战辑（二）》，潮锋出版社，1947 年，第 176 页。

3　王炳耀、煜初辑：《近代外祸史：甲午中日战辑（二）》，第 176 页。

4　Keith Harper, *Send the Light: Lottie Moon's Letters and Other Writings*, MMII: Mercer University Press, 2002, p.270.

5　"Editorial Comment". *The Chinese Recorder and Missionary Journal*, Vol. XXVL, No.2, February 1895, p.93.

6　The Bombardment of Tengchowfu, *The North China Herald and Supreme Court& Consular Gazette*, Vol. LIV, No.1435, Febuary 1, 1895, p.147.

"此时，一名西洋人乘一只中国小船，悬美国国旗和白旗，自府城水门驶出，向我舰驶来。后来又只悬美国国旗靠近我军舰队，旁观炮击情况。"[7]而在城内的狄考文则登上瞭望台，持美国旗，尽力摇摆，日军仍对准城楼，开炮不绝。关于这件事，狄考文在他的自传手稿中曾说，"我在房子的瞭望台上关注炮击情形，虽然我房屋的周围落下了八颗炮弹，但所幸并没伤着我。有颗炮弹在我头顶掠过，因隔得太近，以致炮弹带过的风被迫使我躲避。"[8]日舰两次炮击，也对普通民众造成严重影响，狄考文深感悲痛与愤恨，他说道："查日舰初攻登州，华民已恓忧异常，搬运之费骤贵，今去而复来，城中人更惊惶无措，手携什物，狼狈逃生，小民何辜？乃罹此祸，日人之肉，其足食乎！"[9]狄考文后在 2 月 1 日的上海英文报纸《北华捷报》上向外国人士专门刊文介绍了日军前两次炮击登州情况，对日军的暴力行为进行了抨击。[10]

近代来华的基督新教传教士，并不是受美国政府派遣来华，美国政府也不想涉及基督教传教事务，然当作为美国国民的生命财产安全受到威胁时，美国政府虽不想涉及中日战事，但还是竭力保护其在华侨民安全。而日军炮击后，狄考文立即电报美国驻烟台领事报告了日军炮击情况，提及一颗炮弹落到慕拉第的院子中。[11]为了保护传教士的安全，狄考文还请求美国驻烟台领事请求派军舰接走当地传教士。时美国驻烟台领事达纳履（R. A. Donnelly）也认为传教士应立即离开登州，随即派"约克镇号"（Yorktown）军舰于 1 月 20 日下午来到登州海岸，但因风浪大而无法登陆。后美国军舰于 21 日在登州靠岸，接走该地美国传教士。当时登船的有海雅西（J. B. Hartwell）及妻子与四个孩子，梅理士夫人（Mrs C. R. Mills）及三个孩子，赫士夫人及两个孩子，文约翰（J. P. Irwin）与妻子都登船离开登州，赴烟台避难。[12]而且由于炮火及结冰，传教士必须从危

7　《日清战争实记选译：山东半岛之役》，戚其章主编：《中日战争》第 8 册，中华书局，1994 年，第 173 页。

8　Daniel. W. Fisher, *Calvin Wilson Mateer: Forty-Five Years a Missionary in Shantung, China*, Philadelphia: Westminster Press, 1911,p.284

9　王炳耀、煜初辑：《近代外祸史：甲午中日战辑（二）》，潮锋出版社，1947 年，第 177 页。

10　The Bombardment of Tengchowfu, *The North China Herald and Supreme Court& Consular Gazette*, Vol. LIV, No.1435, Febuary 1,1895,p.147.

11　John J.Heeren, *On The Shantung Front -A History of the Shantung Mission of the Presbyterian Church in the U.S.A. 1861-1940* ,New York, 1940, p. 84.

12　The Rev. J.P.Irwin's Account, *The North China Herald and Supreme Court& Consular Gazette*, Vol. LIV, No.1435, Febuary 1,1895,p.156.

险冰冷的悬崖上爬下来登上船，海雅西的行李结果被遗留在海岸上[13]。还有些传教士则明知危险重重，却坚持留在登州，仍与基督徒在一起以安抚民众，并保护差会的财产与利益，他们是狄考文夫妇、梅理士、赫士、慕拉第、慕维甫（Walter F. Seymour）及妻子，斯诺格雷斯（Miss Mary Snodgrass）。[14]但为了保证他们的安全，这些传教士则要求美国驻烟台领事代办把他们的所在地、人数、职业及国籍通报给日军指挥官，并通知该指挥官："一旦登州遭到攻击，他们将在教会驻地悬挂美国国旗，假如发现中国人无力守卫这座城市，他们将尽力说服其放弃抵抗，以免造成人员伤亡"[15]。传教士的此举也体现出他们的人道主义与普世主义情怀，不顾个人安危以保护普通民众的安全。而狄考文还请求"约克镇号"的舰长佛乐格（William M. Folger）去劝说日舰停止炮击有西方传教士居住的登州，但被拒绝。佛乐格认为在一国战事发生时，从法律上来看，居住在这国家的外国人应自担风险，所以其只负责将传教士运送到安全地带，但会严格保守中立，不让船员登岸，不干预战事。[16]但是狄考文却不听劝告，不断努力要求美国海军充当传教士团体与日本长官之间的调解者，并提出如果登州可以免于屠杀，守军及士兵完全可以投降。[17]而美国政府及军方却仍然坚守中立的政策，并未听从狄考文的建议，这也是其保证在华利益使然。此外，在沂州、潍县的大部分美国北长老会传教士及其家属也被美军护送到沿海躲避，但狄乐播（R. M. Matter）仍留在潍县以防止中国士兵劫掠教会资产。[18]

在黄县传教的美国南浸信会传教士浦其维（Cicero W. Pruitt）一家，尽管美国领事督促他们离开，但他们仍选择留守。浦其维的妻子浦安娜（Anna S. Pruitt）写道："我们自信邻居们是充满善意的，所以拒绝离开。我们的安全也从未受到过威胁，但这是在非正常状态下所确保的安全。"[19]在平度的美南浸信

13 Catherine B.Allen, *The New Lottie Moon Story*, Nashville, Tenn : Broadman Press, 1980, p.211.

14 The Rev. J.P.Irwin's Account, *The North China Herald and Supreme Court& Consular Gazette*, Vol. LIV, No.1435, Febuary 1,1895,p.156.

15 Daniel. W. Fisher, *Calvin Wilson Mateer: Forty -Five Years a Missionary in Shantung, China*, Philadelphia: Westminster Press, 1911,p.283

16 Jeffery M. Dorwart, *The Pigtail War : American involvement in the Sino-Japanese War of 1894-1895*, Amherst: University of Massachusetts Press, 1975, p.62.

17 Carpenter to A.R.Donnelly, Feb 3,1895, Donnelly to Carpenter, Feb 2,1895, Area 10 Files, *American National Archives Record Group 45*.

18 John J.Heeren, *On The Shantung Front :A History of the Shantung Mission of the Presbyterian Church in the U.S.A. 1861-1940* ,New York, 1940, p. 83.

19 Anna Seward Pruitt, *The Day of Small Things*, Richmond: Educational Department,

会传教士谢万禧（W. H. Sears）则邀请在胶县活动的瑞华浸信会的任其斐（J. A. Rinell）夫妇和令约翰（J. E. Lindberg）夫妇一起到烟台避难。2 月 8 日，他们通过美国军舰"查斯通"（Charleston）号的帮助，从平度安全到达烟台。在此途中，他们在晚间想租住乡民房屋，也因为是外国人而被乡民拒绝，还当成他们是日本人，并被乡民用各种方式驱赶，也可看出当时民众对外人的敌视。[20]

山东战事发生后，英国驻烟台领事阿林格（Clement F. R. Allen）也建议在内陆与在石岛、威海卫的英国传教士，赴天津或烟台等口岸躲避，并请求商船或英国舰队接走在石岛的教士，还建议在烟台的教会学校暂时不要开办，以保护学生安全。[21]当时在威海卫及石岛有英国弟兄会传教士凯斯（Dr. Case）、道森（J. C. M. Dawson）等传教士活动[22]，也被英国军舰接到沿海躲避。在威海卫沦陷前，"英电寄寓威海之西人，迁避一空"[23]，而英法德美各舰均派兵从烟台登岸，保护侨民。在山东青州、邹平传教的英国浸礼会传教士，也被迫离开了内陆，前往沿海避难，导致工作出现中断。[24]此外，因日军一度攻占胶东的宁海城，当地中国内地会的教务也大受影响，部分教士与教友的财产与人身安全曾受到日军损害[25]。

日军之所以两次炮击登州，其意在于声东击西，成功地掩护了日军 1 月 20 日从荣成登陆，进而攻击威海卫。正如事后赫德（Robert Hart）1 月 22 日给总理衙门致函称日军此次炮击目的时说："乃欲引人震慑，用声东击西之计，以便乘机令运兵之船，驶赴烟台之西 200 里之荣成海湾登岸。"[26]赫德在此封函件中，还提到了在登州的传教士，已由英美兵船运至烟台。日军为继续牵制清军兵力，于 1 月 24 日再次炮击登州，同时还散布意图占领烟台的消息，如

Foreign Mission Board, Southern Baptist Convention, 1929, p.98.

20 Lennart J. Holmquist, *Foreign Devils: A Swedish Family in China,1894-1951*, North Carolina,2007, http://www.earthwander.com/Roots/Rinell-Book/1895-EscapeChefoo.htm.

21 Counsel Allen to Mr Conor, British Documents on Foreign Affairs, Series E, Asia:1860-1914,Vol.5, p.199.

22 R. C. Forsyth, *Shantung ,the Sacred Province of China in Some of Its Aspect,* Shanghai: Christian Literature Society,1912, p.274.

23 《大清国政：电书汇要》,《万国公报》1895 年 2 月，第 29 页。

24 R. C. Forsyth, *Shantung ,the Sacred Province of China in Some of Its Aspect,* Shanghai: Christian Literature Society,1912, p.269.

25 Charles H. Judd, "Turned to God from Idols". *China's Millions,* July 1895, p.91.

26 《倭兵二万人由荣成湾登占据荣成，登州教士已由英美兵船载赴烟台》,台湾中研院近代史研究所档案馆藏：总理衙门档案，档案号：01-25-039-02-049。另注：荣成应在烟台之东，赫德说法有误。

内地会传教士杜司会（Arthur Douthwaite）在 1 月 28 日致友人信中即提到：
"日军长官转告英国驻烟台领事说，在攻陷威海后会进攻烟台，但会保证欧洲
人的生命财产安全"[27]。此类消息的传播，也让在烟台传教士颇为紧张，"侨寓
燕台（烟台）之西人，均除戎器以戒不虞，城门尽闭，城外亦筑寨栅"，[28]但也
导致烟台出现了食物等物资的缺乏。当时黄县的传教士并不知日军炮击登州
只是虚张声势，日军的真正目的是声援攻击威海卫的军队。反而传教士都预料
日军会登陆登州，并沿着大道通过黄县到山东省首府济南，为此他们做了充分
的防备。据浦安娜称："我们这小群中国人和美国人被周密的院墙所包围，前
门木板异常厚实，并将冬天取暖的煤堆起来以求加固。后门也是被牢固关闭，
旁边仅留有一小侧门"。[29]而从最后日军行动看，也并未发起对烟台、黄县两
地的攻击，两地传教士的安全得到了保证。

　　此次山东战事，也引起传教士密切关注，他们多次在论著及书信日记提
及，也可从中了解中日战况。1894 年底，当中日战事波及山东之前，在烟台
的英国传教士曾说："中日之间战争似乎看来会很持久，现在几乎不可能判断
最终的结果会如何"。他还提到："现在日本军舰偶尔会在烟台沿海光顾，但并
未对我们造成任何不方便，似乎日本人是决定要单独保证我们的安全。"[30]同
样在烟台的美国传教士也自视有美国军舰保护，并不担心自身安全，如美国传
教士艾特伦（F.F. Elterion）写给国外信中提及："我现在并不十分担心传教士
安全，因为我们在海岸上的军舰在密切关注日军行动，会确保其在华利益及侨
民的安全，而当地官员也会为赢得欧美支持，从而竭尽全力保护欧美人士。"
[31] 艾特伦在致同事的信中还认为鉴于欧美在中国沿海发布的警告，在沿海巡
游的日军也会竭力避免同欧美军队的冲突，任何暴力活动会被禁止，从而传教
士在烟台的安全可以保证。[32]还有传教士对战争的态势作出预判，如慕拉第在
1 月 22 日的信中曾准确分析了日军炮击登州的意图，"我相信攻击这里，只是

---

27 D.Morgan, *Double Dragon：The Life of Arthur Douthwaite*, Booklet, 1988,p.64.

28 上海广学会译著：《中东战纪本末》，上海图书集成局铸版，1897 年，卷三电报：
　　第 11 页。

29 Anna Seward Pruitt, *The Day of Small Things*, Richmond: Educational Department,
　　Foreign Mission Board, Southern Baptist Convention, 1929,p.101.

30 "Letter from Rev H.J. Brown", *North China Mission*, Vol.II, No.4, January 1895, p.76.

31 Mrs R. M. Matter, Jan 25,1895, China Letters: Shantung Mission, Board of Foreign
　　Missions Correspondence and Reports, 1833-1911, China, Reel 35,p.1.

32 J. H. Laughlin, Jan 22nd,1895, China Letters: Shantung Mission, *Board of Foreign
　　Missions Correspondence and Reports, 1833-1911, China*, Reel 35,p.2.

佯攻,为了从别的地方牵涉注意力。这座城市并不算重要,中国军队很可能会冲到这里,日军将在某地进行一场决定性的战斗。"[33]当然也有传教士预判失误,3 月 18 日,艾特伦在致函美国信中提到,还坚信日军可能会向北京进发,[34]但日军最终因《马关条约》签订而未进军北京。还有传教士对战时清军及民众的表现进行了评价,如浦其维的妻子浦安娜(Anna S. Pruitt)即批评了清王朝的自大:"中国人的地理知识模糊,将其他所有的国家都看成天朝的边缘,并且他们还在传播外面这些国家已经反叛的消息。在民众思想中,没有敌友之分,其他任何国家都是类似的敌人。中国士兵还十分无知与狂妄,认为所有外国人是不堪一击的。"[35]浦安娜还对威海卫的清军失败原因进行了分析,指出:"此次失利在意料之中,这不在于守军缺乏勇敢,而是归咎于上级官员的舞弊,他们的补给运送不及时,甚至用煤来代替发射炮弹所需要的火药。"[36]而以上所论可谓切中清军弊政,观察到位。而对于英美国家对中日战事的态度,浦其维则提到欧洲国家大多同情日本,部分是因为日本更加认同西方,并且学习西方技术。他还认为战争为打破中国固有保守观念,为中国带来更多的变革机会,也为基督教带来更多责任。[37]传教士在战争的中观察,尽管有不确之处,但大多意见较为中肯,也是从在华西人的视角,为我们考察此次中日战事提供了新的思路。

第二节 甲午战争期间的民教关系

中日山东战事开始后,在当地民众中产生了恐慌,在传教士的著作及日记中多有记载,特别是提到了民众对毫无规矩的中国军队的担忧,要重于害怕日本人打进来。此次战事也促使当地官绅及民众初步改变了对外国传教士的排斥与怀疑的态度,转而将他们当做保护伞,而传教士出于博爱之心,适时地保护了当地民众,这也利于当地民教关系的缓和。

因当时中日战事波及到登州、黄县等传教士密集聚集地区,在他们记述与

---

33 Keith Harper, *Send the Light:Lottie Moon's Letters and Other Writings*, MMII: Mercer University Press,2002,p.270.

34 W. P. Chalfant Mar 18,1895, China Letters: Shantung Mission, *Board of Foreign Missions Correspondence and Reports, 1833-1911, China,* Reel 35,p.1.

35 Anna S. Pruitt, *Up From Zero In North China* , Rice Press, 1938,p.55.

36 Anna Seward Pruitt, *The Day of Small Things*, Richmond: Educational Department, Foreign Mission Board, Southern Baptist Convention, 1929,p.106..

37 Una R. Lawrence, *Lottie Moon*, Nashvilie Tennessee: Sunday School Board of the Southern Baptist Convention,1927,p.198.

日记中，也对战争导致的后果有生动描述。甲午战事波及到了登州，导致登州城里 18 个星期商业停顿、因民众人心惶惶，他们也进入外国人的驻地躲避，同时也为基督教的传播和教会吸收新教徒提供了契机。如美国南浸会传教士海雅西在教堂宣讲福音时，因民众将教堂当做避难处，导致一时听众颇多，"听众似乎都是富裕的城里人，商业也完全停顿，民众纷纷来到教堂，他们很可能之前从未进过教堂。"[38]在美国传教士开办的登州文会馆的学生也因炮击事件，推迟一月开学，当地民众们惊慌失措，纷纷逃到安全地方躲避，还担心日军会进行随意屠杀与掠夺[39]，传教士则忙着安抚来到教会驻地的民众。"狄考文及夫人白天帮助教徒照顾慌乱的人群，晚上则到女校和女孩子们在一起，这些女孩在炮击之后一度不能回家。"[40]而为应对中国士兵进驻影响的粮食不足问题，慕拉第还动员当地女信徒筹款，以备将来不时之需。1895 年 4 月，慕拉第在给美国的信中也提到了战争对登州的影响："两个多月来，商业几乎完全停滞，所幸城市正在从萧沉中恢复，大部分逃亡的难民已经返回，但是他们却承受着贫困与痛苦……在此悲惨与混乱相杂的难关时期，直接的教会工作也是几乎无法开展的。"[41]

日军炮击登州后，民众为了躲避也纷纷逃难，情景悲惨，也在传教士论著中有所描述。浦其维的女儿浦爱达（Ida Pruitt）在她的《汉族女儿》一书中则描述了民众逃难情形："城里的损失实际并不严重，但人们不知道日军只是向城里放了数炮，百姓在大雪寒风中，满山乱跑，还有婴儿们在雪坑里出生，大量民众被冻而死。"[42]当时登州民众多冒风雪，带着食物向邻近的黄县避难，在黄县的浦安娜也记述了从登州民众向黄县逃难的情形："逃难那天，严寒和遍地大雪折磨着人们。驴和大车只有以意外的高价才能租得到。就像古老的以色列人，成群的民众携带着他们最主要的财产，主要靠脚跨越山地。而一些有远见的妇女，还背着她们准备在新年吃的好东西。"[43]因从登州逃难来的民众

38 R. C. Forsyth, *Shantung ,the Sacred Province of China in Some of Its Aspect*, Shanghai: Christian Literature Society,1912,p.183.

39 "Dairy of Events in the Far East". *The Chinese Recorder and Missionary Journal*, Vol. XXVL, No.3,March 1895,p.149.

40 Robert M. Matter, *Character-Building in China*, New York: Fleming H. Revell Company, 1902, p.82

41 Keith Harper, *Send the Light: Lottie Moon's Letters and Other Writings*, MMII: Mercer University Press, 2002,p.271.

42 Ida Pruitt, *A Daughter of Han: The Autobiography of a Chinese Working Woman*, New Haven: Yale University Press, 1946,p.91.

43 （美）安娜·西沃德·普鲁伊特著，程麻译：《往日琐事：一位美国女传教士的中国记忆》，山东画报出版社，2010 年，第 110 页。

众多，传教士无法全力照顾，而其中的中国基督徒则被安排在美国南浸信会在黄县的学校中，如浦其维提到，"数以百计民众到达黄县，还有我们的 30 名教徒及家庭同我们一起，塞满了正好处于假期中的教会学校的教室房屋"。[44]

　　因清政府深受教案赔偿之害，每每因外国传教士的死伤而导致国家利益受损，外国列强也常常拿教案作为其在中国扩张的绝佳借口，故清政府极为重视传教士的安全，之前曾极力要求各地官员极力保护。而当战事发生后，地方官绅及民众也深知传教士的重要性，将他们当做护卫自己安全的保护神。对日军来说，英美在战争中坚守中立政策，日军也不想因伤害传教士引起英美不满，故也竭力避免伤害传教士。而在中国生活多年的传教士也深谙此理，极富有同情博爱心的部分传教士也选择坚守登州、黄县等地，他们以此来保护当地民众免受日本人的伤害。外国传教士在战争初期，因民众固有的怀疑，还被当做日本的间谍。但随着局势发展，中国官员希望传教士呆在登州，因为他们的存在可以带来实际及想象中的安全。"登州的士绅们三十年来，从没自贬地位去关注外国人，但现在他们却来请求慕拉第呆在城中以安抚百姓。"[45]以往百姓出于民族主义及盲目排外情绪，对在登州的外国传教士存在固有的偏见，反而战争来临时，他们却又将他们当做护身符。"只要传教士还在城里，就说明城里还有一定的安全感。人们认为传教士的消息灵通，如果有任何危险，我们都会离开。"[46]因传教士的一举一动直接关系到民众的切身安全，故民众对传教士的活动保持了密切关注，据浦安娜所称："当时危险似乎正在临近，邻居们日夜盯着我们。他们知道，我们会不断从在芝罘关注着我们的领事那里听到消息，我们能够了解到最新的危险。只要我们不走，邻居们就觉得不会出现最坏的情况。要是突然紧张起来，我们会租车去芝罘，那将引起巨大的不安。如果我们让他们有理由相信我们是与敌人结盟的，公众则会立即转而反对我们。"[47]从中也可看出，实际百姓对传教士仍未完全信任，抱有一种矛盾的心理，还有将传教士当做敌人的可能。

44　Una R. Lawrence, *Lottie Moon*, Nashvilie Tennesse: Sunday School Board of the Southern Baptist Convention, 1927, p.196.

45　Catherine B.Allen, *The New Lottie Moon Story*, Nashville, Tenn : Broadman Press, 1980, p.211.

46　Una Roberts Lawrence, *Lottie Moon*, Nashville Tenn: Baptist Sunday School Board Southern Baptist Convention, 1927, p.195.

47　（美）安娜·西沃德·普鲁伊特著，程麻译：《往日琐事：一位美国女传教士的中国记忆》，山东画报出版社，2010 年，第 111 页。

此次战争开始后，谣言四起，离登州仅 60 里远的黄县民众也十分恐慌，担心日军在进攻省府济南时会途径黄县。在黄县的传教士认为，如果日本军队从黄县经过，最好在住处悬挂美国国旗以示与清军的区别，这样也应会免受日军骚扰，故传教士决定组织妇女制作两面国旗，打算分别挂在浦其维家所在院子的前后两个大门。[48] 从此事也可体现出当时美国在中国的地位，无论日军与清军都不敢贸然挑衅，反而是作为在本土作战 "没有受过训练的清兵，却没人怕他们，因而挂大清的旗子也不起作用"。[49] 因民众担心日军的到来会劫掠他们的钱财，而根据当时不平等条约的规定，美国会保护本国公民在华生活及传教场所，民众认为他们同美国人在一起也会受到保护。故当时黄县城里的县官派人劝说浦其维一家搬到城里居住，浦其维则答复说，"若日军果真到来，他可以出面带人去会见日军，并保证说服他们和平地通过县城，但谢绝了这些城市精英们所送的礼品。"[50] 以往地方官绅往往是鼓动民众反教，但此时期因官绅认识到美国人的重要性，对传教士态度大变。战争刚刚开始时，黄县城墙上的枪还直接危险地对着浸信会的驻地，但当他们意识到美国国旗可以保护他们的安全时，便开始把传教士当成朋友，不再当做外人看待。[51] 浦安娜也感叹其所受待遇的变化："只要我们能够在醒目的地方悬挂起美国国旗，我们就可以选择任何华丽的住处。与之前外国人不受欢迎且受排斥不同，我们突然变成了未曾被重视的珍宝。"[52] 当然，中国的官绅民众对传教士态度的变化，只是出于保护自己的安全需要，不得已而为之，带有强烈的功利动机。

但因日军并未进攻黄县，浦其维所准备的美国国旗也没派上用场，他也庆幸未在美国之外领土悬挂美国国旗，因为其本身反对在中国传教使用所谓的外国在华 "治外法权"，其制作国旗更大意图则是靠外国力量来保护中国民众安全，防止他们遭到日本侵略的迫害，而这也是基督教博爱精神体现。浦爱达对此曾提到："父亲不会使用治外法权去发展教会成员，而此时选择使用国旗的理由是因为迫不得已，还有原因是来自教会内外的压力及其对自身责任的

---

48 Anna Seward Pruitt, *The Day of Small Things*, Richmond: Educational Department, Foreign Mission Board, Southern Baptist Convention, 1929,p.103.

49 Anna S. Pruitt, *Up From Zero In North China* , Rice Press, 1938,p.55.

50 Anna Seward Pruitt, *The Day of Small Things*, Richmond: Educational Department, Foreign Mission Board, Southern Baptist Convention, 1929,p.106.

51 Anna S. Pruitt, *Up From Zero In North China* , Rice Press, 1938,p.56.

52 Anna Seward Pruitt, *The Day of Small Things*, Richmond: Educational Department, Foreign Mission Board, Southern Baptist Convention, 1929,p.105.

慎重思考所致"。[53]实际上从晚清时期教会传播情况看，天主教会经常使用传教特权来包庇违法的信徒，而新教传教士则大多反对使用此类特权。

相对于日本的进攻，战时传教士及民众实际更担心中国士兵在败退时的劫掠行为。威海卫沦陷后，因为中国的溃兵四处逃窜，也对登州及平度等附近的传教士安全造成威胁，如在平度的医学内地会教士兰德（H. Randle）即曾被士兵袭击，所以烟台各国领事希望传教士离开内陆前往烟台躲避。[54]艾特伦也在当年 4 月致友人信中提及了溃败的士兵四处游荡，也威胁到传教士日常生活，但他还提到如果当地官员一直提供有效保护，事态也不会如此糟糕。[55]慕拉第在描述登州民众面对战争的恐慌时也说："奇怪的是，对他们来说，令人害怕的危险不是日本人，反而是中国士兵。民众们担心一旦与日本人的战事一开，他们自己的士兵会劫掠与焚烧这个城市。"[56]浦安娜在回忆中也表示了当时对中国的士兵的担心，"我们没有丝毫放松警惕，因为无法约束的溃兵们的复仇之火，可能会在富裕城镇的无辜平民身上发泄。"[57]从此也可反映出当时部分中国军队的素质低下，不得民心。

中日山东战事的发生也为传教士在登州、黄县等地的传教工作提供了一个契机，战争给民众带来了慌乱，但部分传教士拒绝离开工作地，与当地民众共同经历患难，并竭尽所能对他们提供帮助，赢得民众好感，从而改善了民教关系。如浦安娜曾提到："中日战事结束后，民众对我们的态度发生了明显改变。我们已通过这次机会证明了我们的无私，他们此后已将我们当做平民而不是外国人。"[58]留守登州的慕拉第也感受到民众态度变化，其说："我从未像现在这样在乡村受到如此诚挚的欢迎，人们围过来与我讨论战事，在之后还会听我宣讲福音。"[59]因处于慌乱中的民众也需要心灵寄托与安慰，信仰宗教的可

53　Ida Pruitt, *A China Childhood*, Beijing: Foreign Language Press,2003,p.104.

54　J. E Lindberg, *Memories and Field Experiences from China*, Stockholm,1948 (Translated by Alice R. Hermansson from Swedish to English), p.37.

55　V. F. Parch, April 3rd,1895, China Letters: Shantung Mission, *Board of Foreign Missions Correspondence and Reports, 1833-1911, China*, Reel 35,p.1.

56　Una Roberts Lawrence, *Lottie Moon*, Nashville Tenn: Baptist Sunday School Board Southern Baptist Convention,1927, p.195.

57　Anna Seward Pruitt, *The Day of Small Things*, Richmond: Educational Department, Foreign Mission Board, Southern Baptist Convention, 1929,p.106.

58　Anna Seward Pruitt, *The Day of Small Things*, Richmond: Educational Department, Foreign Mission Board, Southern Baptist Convention, 1929,p.108.

59　Una Roberts Lawrence, *Lottie Moon*, Nashville Tenn: Baptist Sunday School Board Southern Baptist Convention,1927, p.196.

能性增加，慕拉第也提到向民众传播福音的大门正在打开，民众参加教会活动积极性提高，"磨难教会他们开始谦卑，并开始将传教士看做他们真正的朋友。"[60]当地传教士也借机拓展了教会，信徒人数有所增加，部分非信徒家庭的孩子也被送到教会学校上学。但战时民众对传教士只是有暂时性的好感，在内心深处仍然对他们抱有敌视，也并未从根本上认同基督教。一向闭塞的民众通过与传教士的接触与亲历战争，也认识到不同国家存在及其对中国的态度，进一步萌发了民族爱国意识。

第三节　山东传教士与战时救助

中日山东战事发生后，清军损失严重，也出现了大量的伤兵，但救护力量明显不足。而来华传教士多掌握部分医学知识，也受基督博爱精神指引，投入到救护伤兵工作中，展开了人道主义救援。因当时西式医院较少，在烟台的教会医院成为了救助伤兵的主力，而传教士也以精湛的医术与服务赢得地方当局与士兵的信任与好感。

日军对威海卫发动攻击后，大批伤兵涌入烟台，首批伤员于 2 月 3 日到达烟台，之后伤员又陆续到达，每天不断，一直持续到 3 月 24 日。传教士则积极投入救助，在烟台的内地会医院及重新开办的圣公会医院都接收了大量伤兵。[61]特别是在烟台的内地会医学传教士杜司会贡献颇多，战争开始后，杜医生发现驻扎烟台守军统领孙金彪对未来伤兵安置无预防措施，所以向他介绍了"红十字会"的知识，表示在其提供必要人力、财力帮助情况下，可建成临时接受伤兵的医院。后经孙金彪支持，将其私人接待厅作为临时医院所在地，但只允许接收中国伤兵，杜司会随后据此建成了为伤兵服务的烟台"红十字会医院"。因伤兵众多，内地会还于 2 月 3 日将教堂作为照料伤兵的临时安置点，当天即接待伤兵近百人。[62]孙金彪则对在危机时刻能得到他的帮助，替自己分忧解愁的行为，表示了极大的感谢。杜司会另将一些伤员安排在烟台中

60　Keith Harper, *Send the Light:Lottie Moon's Letters and Other Writings*, MMII: Mercer University Press, 2002,p.271.

61　The Wounded, *The North China Herald and Supreme Court& Consular Gazette*, Vol. LIV, No.1441, March 15, 1895,p.384.

62　《阿瑟.道奥斯卫特医生》，山东威海市档案馆藏，档案号: 229-001-302-1553; "From Miss G. S. Woodward", *China's Millions*, May 1895, p.66.

国内地会疗养院的医院治疗，特别是需要手术治疗的伤员[63]。

　　教会医院对伤兵进行专业的医疗救治，并为他们提供可口的食物，院内基督徒也对伤兵悉心照料，这些行动都有利于伤兵改变对教会的印象。在烟台的其他外国人也参与到救助工作中，外国人居住区的女士们为医院制作了许多卷成筒状的绷带，停泊在港湾里的一些西方国家军舰上的军医也提供了医疗服务，传教士和外国人居住区的男士们则帮着包扎伤口。[64]同时，内地会医院还为救助伤兵采购了大量的药品，内地会建立的芝罘学校因正处假期，部分学校老师也自愿前来帮助杜司会救助伤员。此外，在烟台的登莱青道道台刘含芳还为医院提供资金和布料，中国基督徒则提供床褥铺盖与热茶[65]，皆用于伤员救治。但当时中方对于传教士的支持并未尽力，杜司会曾提出组织华人救护队，"为了配合杜司会医生的工作，18 个中国人得到命令来承担抬担架的任务，但是据说只有 6 个人准时按要求前来报到，其余 12 个人都被某个大人物差使前去抬轿子了。"[66]而这些担架队员也出于求生的本能，拒绝前往前线救助伤员，只是留在医院服务。[67]

　　对于传教士救助伤兵，英国圣公会传教士布朗（H. J. Brown）2 月 11 日也曾报告，大约有 240 名从荣成与威海来的伤兵到达烟台，其中一半送往内地会医院，一半在道台成立的当地医院，而圣公会医院则准备接纳后续来的伤兵。[68]在教会医院中，不同差会的传教士也打破宗派限制，加强合作，共同为伤兵服务。当时在烟台医院"有教士六人暨女教士三人料量汤药"[69]，如英国传教士布朗、美国长老会传教士郭显德夫人（Mrs Hunte）、科文（G. Cornwell）及烟台内地会的安迪（H.J. Alty）等皆参与服务。在烟台内地会的临时医院里，郭显德（Hunter Corbett）也为伤兵提供了部分草垫与床板，护士杜伯桑（Miss Dobson）训练有素，忙于照料病人，杜司会则负责伤员麻醉

63　A.W. Douthwaite, "Red Cross Work in Chefoo", *The China Medical Missionary Journal*, March 1895,Vol.IX, No.1,pp.10-11

64　（加）马丁著；陈海涛，刘惠琴译：《芝罘学校　1881-1951 年之间历史和回忆》，齐鲁书社，2013 年，第 67 页。

65　"*The Red Cross Hospital, Chefoo*", *China's Millions*, July 1895,p.87.

66　（加）马丁著；陈海涛，刘惠琴译：《芝罘学校：1881-1951 年之间历史和回忆》，齐鲁书社，2013 年，第 66 页。

67　《阿瑟.道奥斯卫特医生》，山东威海市档案馆藏，档案号：229-001-302-1553。

68　"Extract from Private Letter from Rev. H.J.Brown", *North China Mission*, Vol.III, No.1, April 1895, p.5.

69　《医院纪闻》，《申报》1895 年 2 月 15 日，第 2 版。

手术[70]。值得一提的是，在上海的英国教士慕维廉（William Muirhead）也与《申报》合作，连日发布募捐消息，为烟台的红十字会医院募款，至 2 月 14 日，已由上海汇至烟台一千一百两之多[71]。经过在教会医院为期两个多月的治疗，除了少数士兵因伤重去世外，大部分伤兵情况好转，"勇丁之受伤来医，留住院内者计一百六十三人，至伤势甚轻，敷治后即去者，更不可以数计"[72]，部分伤员还进行了截肢手术。而对于伤情较重的 8 名士兵，还被送往医疗条件较好的圣公会医院诊治。[73]烟台教士的行动也受到舆论好评，上海《申报》曾称："凡我华军之伤而未死者，一律收养疗治，药饵饮食，务极周详。"[74]战争结束后，当地官兵为表示感谢，还赠送给朴司会一副"西国扁卢"的牌匾，后还为其建设学校提供石材。[75]

除了在烟台外，在黄县的传教士与基督徒也对士兵进行了救助。在当时黄县因附近兵营附近发生弹药爆炸事故，导致三人严重受伤，因当地清军没有医护人员，故他们请浦其维去兵营抢救伤员。浦其维和朱姓的华人助手前去查看，浦氏担心若抢救失败会损害外国人的声誉，也会增加国人对他们的敌意。后经朱氏的热心劝说，浦氏才对伤员进行了包扎处理，之后又去数次，伤员的状况日渐好转。[76]因溃散的士兵退到了黄县，被迫在阴冷地方落脚，所有商店都大门紧闭，导致他们饮食出现严重困难。受传教士行动影响，此时中国信徒们也尽显其博爱精神，"男教徒们去救助他们，帮助他们搭灶生火，确保他们可以得到燃料与食物，也赢得了他们的不断谢意"。[77]此外，在黄县的内地会医学传教士的兰德和其他传教士医生也忙着治疗伤兵。伤兵也因传教士此种善举初步改变了对外国人看法，据在黄县的传教士回忆说："兵营里都在传说，外国人的心和他们的医疗技术一样好，其他士兵也来请求帮助。他们坚持每天给士兵们看病，治疗冻伤、拉肚子等毛病，所有的人都表示感谢。这些士兵大

70 F. W. Baller, "The Horrors of War", *China's Millions*, May 1895, p.65.

71 《医院纪闻》，《申报》1895 年 2 月 15 日，第 2 版。

72 《医院述闻》，《申报》1895 年 4 月 25 日，第 1 版。

73 A.W. Douthwaite, "Red Cross Work in Chefoo", *The China Medical Missionary Journal*, March 1895, Vol.IX, No.1, p.14.

74 《敬募营口烟台军士医伤费》，《申报》1895 年 2 月 22 日，第 1 版。

75 《阿瑟.道奥斯卫特医生》，山东威海市档案馆藏，档案号：229-001-302-1553。

76 Anna Seward Pruitt, *The Day of Small Things*, Richmond: Educational Department, Foreign Mission Board, Southern Baptist Convention, 1929, p.99.

77 Anna Seward Pruitt, *The Day of Small Things*, Richmond: Educational Department, Foreign Mission Board, Southern Baptist Convention, 1929, p.107.

都来自那些以性情粗野和地域偏远而闻名的省份。从此，他们内心的敌意变得友善了。"78

中日山东战事期间，传教士在人道主义精神感召下，对难民与伤员进行了悉心的照顾，一定程度上减轻了他们的痛苦，初步改变了当地官绅与民众对教会的偏见。特别是政府当局对传教士态度好转，如杜司会战后还被清政府授予三等双龙宝星勋章。79当时国人多迷信中医，并不信任西医，而战时传教士用精湛的医术与先进的医疗设备，为伤兵精心治疗，效果颇佳，也使得他们对西医的误解减少，更刺激了国人学习西医，设立医学堂的行动。传教士此举，实际上也是对通过教育、医疗事业进行"间接传教"路线的实践，这也是他们通过观察摸索中国实际而做出的改变。

近代来华传教士长期以来多被视为帝国主义的侵略工具，将其当做文化侵略者，实际此论乃是以偏概全，有失公允。1895 年的中日山东战事发生后，虽然对教会的传教事业造成了严重影响，但山东传教士受基督教义影响，反对战争，同情弱者，依然冒着生命危险，救助中国难民与伤兵，体现出了他们不分国籍、族群的普世博爱之心。当然也不可否认，传教士的救助行动也带有传教的功利目的，传教士在战争中的行动也逐渐赢得了官绅与民众好感，民教关系得以进一步改善，使得传教工作打开了局面，有利于基督福音在当地的传播。当时的传教士也对此次战事及影响有大量记载，体现了在华西人对中日战事的独特思考与观察，其中也有颇多价值与新意之处，但也有部分建议有损中国主权。更为重要的是，甲午战败，在中国官绅及知识分子中引起震动，刺激了他们学习西方，以求富强的热情，而基督教传教士一直所宣传的变革思想也迎合了他们的需要。同时，因战后清政府更加依靠英美国家，故对在华英美传教士政策限制放松，连续发布上谕要求保护各地传教士，以免引起中外交涉，而以上两因素也都为基督教在华发展赢得了契机。

甲午中日战争不仅给传教士们带来了传教上的收获，更带给了他们政治上的特权。由于战后清政府对外国人的重视，故传教士享有极高地位。如浦安娜提到甲午战争影响时说："它使中国政府注意到之前从未关注过的问题，即

78　（美）安娜·普鲁伊特、（美）艾达·普鲁伊特著，程麻等译：《美国母女中国情：一个传教士家族的山东记忆》，中国文史出版社，2011 年，第 91 页。
79　台湾中研院近代史研究所编刊：《清季中日韩关系史料》第 7 册，1972 年，第 4694 页。

外国人在政治方面的重要作用。我们被认为在衙门里很有威望，极受欢迎。一个教徒只要利用他与外国人的关系来威胁他的对手，就可以得偿所愿。"[80]这些动机不纯的入教基督信徒，实际对教义无甚了解，只是在寻求教会的保护或实现自己的功利目的，这也影响了教会信徒的成分，形成了所谓的"吃教"信徒。而这也给民众造成教徒有特权庇护的印象，特别是为非作歹的人可以通过信教免受惩罚，也使得民众逐渐又对教会形成敌视，为随后的义和团运动的民众反教埋下了伏笔。实际上晚清时期的基督新教在华传教过程中，始终面临着民族主义、文化冲突等因素的影响，导致其传播福音的阻力重重，政教、民教关系多是有短暂或表面上的改善，但基督教试图如佛教般那样融入中国社会却未实现。

---

80 Anna Seward Pruitt, *The Day of Small Things*, Richmond: *Educational Department, Foreign Mission Board*, Southern Baptist Convention, 1929,p.111.

第七章 教会大学与民族主义：燕京大学对"九一八"事变的反应

自晚清以来，教会学校因为由西方基督教会所创办，与外域外人有特别密切的关系，故在中国民族主义的大潮中长期持局外旁观的态度。但通过 20 世纪 20 年代的"非基督教运动"、"教会自立运动"、"收回教育权运动"等的冲击，情势有了很大的改观，尤以"九一八"事变为转机，教会学校的师生在中国的民族主义运动中反倒成了先锋前进，这是一个具有界标意义的变化。1931年，"九一八"事变爆发后，全国各界掀起了轰轰烈烈的抗日救亡运动，对此学界研究已着墨颇多。在此运动中，带有浓厚西方色彩的教会学校也给予了积极回应，与民众共同投入到了抗日洪流中，但在学术层面上却未受到应有的重视。以往研究多认为教会学校不支持师生参与爱国运动，本章拟以当时著名的教会大学燕京大学为中心，考察在中西文化交流碰撞的情境下，教会学校参与民族主义运动的争论及实践，以求对其爱国言行有重新认识。

一、激进爱国：燕大学生的行动

（一）发轫：组织抗日团体与宣传

燕京大学组建于 1919 年，由美国公理会、美国北老会、英国伦敦会、美国美以美会等差会联合开办，为当时闻名全国的教会大学。1929 年 12 月，燕京大学正式在教育部立案，吴雷川出任校长，司徒雷登（John Leighton Stuart）转任校务长。1931 年 9 月 18 日，日军炮轰沈阳城，进而侵占东三省，悍然发动"九一八"事变。"燕京大学师生由于接近战区，感受到直接的威胁，加之东北流亡学生不断地涌入北平，则更是增加了他们的关切"。[1]9月20日晚，燕大学生自治会召集紧急会议，讨论对于日本此次占据沈阳，应取之态度，"并决议自今日起，完全停止娱乐，学生于课外时间赴各农村讲演，作普遍之宣传。"[2]北平地区学校众多，为防止学生爱国运动发生过激行为，9月21日，北平召开军、警、宪及各校的负责人联席会议，会议决定：禁止学生罢课；不许学生结队游行。[3]同日，燕京大学召开全体学生大会，800多名学生响应出席，一改往日对公共事务的开会不感兴趣的态度。此次大会通过决定：全体同学一律臂缠黑纱，上书"耻"字；组织燕大学生抗日委员会；组织对日经济绝交委员会。[4]

燕大学生对日本在东三省野蛮举动，异常愤慨，皆以为应尽力之所能，对国内有所表示，对国外有所宣传。9月22日，燕大组织学生演讲队，分乘汽车往燕大周围各街市散发抗日传单，参加者异常踊跃。同日，燕大学生发出《燕京大学全体学生对日本侵占东北宣言》，致电南京国民政府，表示要赴汤蹈火誓死共救国难。"伏望吾政府依顺民情，积极备战，吾燕大全体学生，誓以一死，为政府作后盾，为民族争存亡。"[5]9月23日，燕大学生抗日委员会宣传队又分九组，全队出发至北平各街市轮流讲演。"当日散发传单2万张，其中有文白宣言二种及标语数十种。听者拥挤异常，激昂万分，讲者虽已力疲，听者犹不忍退走。"[6]对外宣传上，燕大因其教会学校的特殊优势，"对欧美方面，作深切之宣传，俾各国皆知日人之危害世界和平，及残杀中国民族之事实。"[7]为约束学生爱国运动，教育部于9月23日颁布《学生救国运动之要点》，决定学生可于课余出外演讲，加紧军事训练，不得罢课等规定。[8]同日晚，燕大抗日委员会召集全体学生会议，拟定工作大纲，直到24日晨才结束。开会时，首先由清华历史学系主任蒋廷黻，讲演日本侵略东北之背景与经过，次在会上

1 Jessie Gregory Lutz, *China and the Christian colleges, 1850-1950*, Ithaca: Cornell University Press, 1971, p.335.

2 《平市学生扩大救国运动》，《全民报》1931年9月21日，第2版。

3 《北平市政府召集本市军警宪机关及各大学当局联席谈活会纪录》，《国立清华大学校刊》1931年第315号，第1版。

4 《全市学界齐起救亡》，《华北日报》1931年9月22日，第6版。

5 《全市学生参加今日之市民大会》，《华北日报》1931年9月28日，第6版。

6 《燕大抗日讲演队二次赴平演讲》，《平西报》1931年9月24日，第1版。

7 《如火如荼之各校反日运动》，《世界日报》1931年9月24日，第7版。

8 《教部指导学生救国运动》，《申报》1931年9月25日，第3张第10版。

讨论抗日事宜，通过三项决议："组织经济绝交委员会，并请各校一致组织；全体同学一律制备军服一套，每套以 3 元为限，并用国货，以作军事训练；请学校添军事训练班。"[9]会后该委员会电聘英美德法各地该校之校友教员为宣传委员，负责对外宣传。

10 月 2 日，针对各学校要求暂时停课以参与救国，教育部又电令各校不得停课，但燕大在执行上却比较通融。10 月 5 日，燕大校务会议同意学生为爱国运动，可以请假；并且不算在规定的准许 3 周假期内，给予额外的一周。[10]燕大宣传队则每星期日分批赴附近村镇演讲，民众颇为动听。"学生抗日委员会将反日宣言等刊物分与该校教职员，每人 10 份，请其分寄亲友。"[11]10 月 10 日起，又举行大规模乡村讲演，讲演员一律乘大汽车赴西山一带演讲，散发告民众书，反日宣传品多种。[12] 10 月 14 日，燕大学生抗日会以 14 日为国联限定日本撤兵之日，特决议停课一日。是日上午 9 时，燕大学生全体在大礼堂集会，由教师洪煨莲、蒋廷黼演讲；下午 1 时，同学出发演讲宣传，"城内及西北郊外，海淀成府一带演讲，民众听者无不动容。"[13]为扩大宣传工作，学生还请燕大教授熊佛西编写通俗爱国剧本，以便向民众宣传。后又公开请求燕大教授郑振铎转恳丰子恺，多画些抗日漫画，均得到热烈回应。

燕京大学所处的北平是学生集中之地，学生特别重视"五四"传统，而北平又处于日本的威胁之中，因而各校学生都发起形式多样的救国运动，许多学校发表通电、宣言，反对日本帝国主义侵略，要求国民党抗日。燕大在抗日运动中，还注重与北平各界及其他学校的合作，参加各集体活动。9 月 24 日下午，北平学生抗日救国联合会成立，燕京、北大、清华等 68 学校参加，燕大被推为主席团及执委之一，次日执行委员会成立，燕大被任为宣传部委员[14]，筹划对民众宣传抗日工作。9 月 25 日，北平各界抗日救国会正式成立，燕大亦派代表出席。9 月 28 日，当北平各界抗日救国大会举行时，燕大特停课一日，全体学生均往参加。会毕示威游行，期间曾意图向张学良请

9　《全市各校学生热烈抗日救国》，《京报》1931 年 9 月 25 日，第 6 版。

10　Minutes of the University Council ,October 5,1931（燕京大学校务会议记录），北京大学档案馆藏：燕京大学档案，档案号：YJ1930003。

11　《燕大抗日工作仍在进行中》，《平西报》1931 年 10 月 4 日，第 1 版。

12　《各院校抗日运动愈趋激昂》，《民国日报》（北平）1931 年 10 月 8 日，第 5 版。

13　《燕大抗日会昨全体出发讲演》，《京报》1931 年 10 月 15 日，第 7 版。

14　张郁棠：《北平学联简述》，《燕大周刊》1931 年第 6 期，第 2 页。

愿，却未受到接见，开当时北平大学生示威游行之先河。9月28日，华北基督教教育协会暨燕京大学、汇文中学、崇实小学等20余教育团体，合作抗日救国协会，"电请中央对日严重交涉，速作军事准备；一致对日，实行经济绝交；各校严加军事训练，效死疆场。"[15]11月初，北平学生抗日救国联合会决定选出5代表晋京请愿，燕大学生张郁棠为五代表之一，提倡两项请求：正式组织全国学生抗日联合会；请政府明令抵制日货。[16]然学联内部因抗日主张不同而发生纠纷，宗派主义严重，清华大学等校退出，燕大则继续与学联合作努力抗日工作，"惟不能接受学联全体罢课之决议，并否决向张副司令请愿"[17]。

（二）发展：军事训练与抵制日货

教育部颁布学生救国运动方法后，学生一致要求学校批准军事训练，学校则多次开会讨论相关事宜。10 月 5 日，"学校校务会议决定军事训练为男生二、三年级必修课，为期两年，一周3小时，1小时讲座，2小时实战练习。"[18]。10月6日，燕大公布《实施军事教育办法》10 条，除规定男生必修军事训练外，女生愿修习救急伤科及看护等科者，可与女部当局，接洽办理。[19]10月13日，燕大行政执行委员会通过决议，"请校医宁德明（Clara A. Nutting）培训女护班，每周2小时；特别拨款1200美元给予军事训练。"[20] 10月19日下午起，正式实施军事训练，教官由陆军大学陆秉衡担任，进行军事操练，并赴西苑兵营练习骑马。"加入该项训练者，计271人，分两大队，每大队分2小队，每小队又分四班"[21]同日晚，"女护班第一次开课，到班者有120余人，分中英文两组，每星期上课2小时"[22]，其中一小时为实地练习，一小时为军护常识讲授，"本校医学预科的同学及已升入协和医学院的老同学，都乐

15 《各校工作更加积极》，《华北日报》，1931 年 9 月 29 日，第 6 版。

16 《燕大抗日纪念周报告抗日工作》，《平西报》1931 年 11 月 10 日，第 2 版。

17 《燕大学生昨决议不罢课不请愿》，《平西报》1931 年 11 月 12 日，第 2 版。

18 Minutes of the University Council, October 5,1931（燕京大学校务会议记录），北京大学档案馆藏：燕京大学档案，档案号：YJ1930003。

19 《实施军事教育办法》，《燕京大学校刊》1931 年第 4 卷第 5 期，第 1 版。

20 Minutes of the Faculty Executive Committee Meeting, 13 October,1931（燕京大学行政执行委员会记录），北京大学档案馆藏：燕京大学档案，档案号：YJ1930001。

21 《燕大学生军明日开始训练》，《平西报》1931 年 10 月 18 日，第 2 版。

22 《燕京大学女生欲参加军事训练而不能加入军事救护科者甚众》，《平西报》1931 年 10 月 22 日，第 2 版。

意抽暇回来母校，教授医护常识及救伤方法"[23]。然随着时间推移，女生学习热情也递减，"而到班者逐渐减少，经四五星期之后，仅有 3 人，欲积极联系。可知同学中对此门学科，并无热心参加。"[24]

10 月 20 日，燕大抗日委员会决议致函学校请求特准女生与男生同样军事训练；由宣传股，搜罗此次沈变照片，翻印明信片，以广宣传。[25]同日，燕大决定女生可自愿参加，但不能取代体育课程。[26]燕大女生受爱国热情激励，也自愿加入军事训练，"只想学习一些军事常识与技能，锻炼体魄，有备无患，倘一旦有必要时可资应变，未尝无益。"[27] 燕大女生训练由学生赵玉英指挥，"加入军事训练者约 50 人，亦于 10 月 23 日开始组织，25 日起开始训练。"[28] 由于学生要求，从 1931 年 11 月 1 日起，学校同意参加军训可以取代体育课程[29]，女生训练积极性大增。燕大女生军事训练于每星期五下午四时半到 6 时半，为训练时间，后又于每周三早增加训练。军纪严肃，迟到五分钟者，即以不到论。[30]受教育部电令，燕大抗日委员会也鉴于学生训练钟点过少，故特组织学生义勇军，以资学生充分练习而作最后之准备。义勇军宣告成立后，燕大颁布暂行办法，报名者 40 余人，10 月 30 日开始训练，由东北边防军 18 旅的沙九成出任教官，定于每日早 6 时半开始操练，每逢假日，举行马操，或郊外检阅。后义勇军购买教育枪训练，学校当局出资 180 元，购置 50 枝。[31]进入 12 月后，随着天气寒冷，考期临近，学生训练精神大减，出操人数甚少，后靠严肃训练军纪勉强维持，故学生义勇军到 12 月 26 日举行结束典礼，暂告结束。"三月来之成绩大有可观，学术二科均曾有研究。进可攻，退可以守。"[32]

东北沦陷后，高校大多停办，许多大学生无学可上，逃亡北平者甚多。故燕大决收东北旁听生。10 月 28 日，燕大举行第一次招生考试，"男生考试来

23 陈明章：《学府纪闻：私立燕京大学》，南京出版有限公司，1982 年，第 205 页。

24 《看护班成绩》，《火把》1932 年第 30 期，第 3 页。

25 《燕大抗日会，昨开全体委会》，《京报》1931 年 10 月 21 日，第 7 版。

26 Minutes of the Faculty Executive Committee Meeting, 20 October, 1931（燕京大学行政执行委员会记录），北京大学档案馆藏：燕京大学档案，档案号：YJ1930001。

27 陈明章：《学府纪闻：私立燕京大学》，南京出版有限公司，1982 年，第 204 页。

28 《各校反日工作日趋紧张》，《民国日报》（北平）1931 年 10 月 24 日，第 5 版。

29 Minutes of the University Council, Nov 2nd,1931（燕京大学校务会议记录），北京大学档案馆藏：燕京大学档案，档案号：YJ1930003。

30 《燕大工友组织义勇军》，《益世报》（北平）1931 年 11 月 22 日，第 6 版。

31 《燕大学生军已购置教育枪 50 枝》，《平西报》1931 年 11 月 8 日，第 2 版。

32 《燕大义勇军定于星期六举行结束典礼》，《平西报》1931 年 12 月 24 日，第 4 版。

考者 22 人，完全收容，但入校者仅 15 人。"[33]后女生宿舍客房空出，开始招收女生。11 月 14 日，待男女闲置空床到位后，燕大为东北学生举行第 2 次考试，仅考英文 1 门，凡报名来考者，均可入学，但仅有 8 男 4 女入学。[34]据燕大教务处主任梅贻宝报告，此次燕大为东北及留日返国学生共预备学额 51 人，实际来本校寄读者仅 30 人（内留日学生 4 人）。其中，男生占 26 名，女生占 4 名。[35]当时教育部令各高校对辽吉黑三省之学生酌量减免一学期，但燕大因经济条件限制，难以照办。燕大行政执行委员会议决，"凡东北大学学生为交校寄读者，其所缴各项费用，均视本校学生减半。"[36]考虑到东北学生经济困难，燕大资助会特准资助东北寄读学生，给予免费贷款。燕大接受的东北流广学生，其中绝大多数是抗日爱国运动的积极分子，如张兆麟和黄华，后来成为著名的"一二九运动"的主要领导人。燕大的东北学生还组织燕大东北同乡反日会，参加北平东北留平学生抗日救国会，负责平西一带抗日宣传，并提议组织纠察团以杜绝游艺活动。

当时抵制日货成为学生抗议的重要形式，为杜绝国民使用日货，燕大对日经济绝交委员会议决设立纠察队，纠察平西一带日货。"时成立日货纠察队成立有 6 大队，39 个分队，纠察员 390 余人。"[37]同时，委员会又提倡国货。10 月 17 日，委员会借来三友实业社国货百余种，在燕大校园举行国货展览，参观者接踵。10 月 28 日，燕大对日经济绝交会接受平市抗日会之决议，将海甸、成府等处日货一律封存，并实行大检查，杜绝民众买卖日货。燕大学生还组织纠察队维持秩序，查缴日货，在抗日运动期间，不许同学随意上街游荡，纠察队员均佩戴袖章，守卫校门。"学生于旬日间成立抗日十人团 20 余团，故该校日货刻已绝迹。"[38]而当《火把》提议理科师生应作关于战争应用之事物准备后，立即引起不少反响。"该校物理学会已有自动组织，在教师指导下共同研究测量无线电收发。每人每周工作有五小时之多，收效甚速。"[39]11 月 16 日，

33　《燕大昨晨纪念周教务主任报告收录东北学生之经过》，《平西报》1931 年 12 月 8 日，第 2 版。

34　《燕大昨日举行第二次东北学生考试》，《平西报》1931 年 11 月 15 日，第 2 版。

35　《纪念周梅教务主任报告》，《燕京大学校刊》1931 年第 4 卷第 14 期，第 1 版。

36　《改定东北寄读生应缴费用》，《燕京大学校刊》1931 年第 4 卷第 7 期，第 1 版。

37　《燕大对日经济绝交会举行国货展会》，《平西报》1931 年 10 月 18 日，第 1 版。

38　《燕大筹组国货展览会》，《民国日报》（北平）1931 年 11 月 16 日，第 5 版。

39　《战事科学现无专门人才，莫若专心研究工业化学》，《平西报》1931 年 10 月 22 日，第 2 版。

燕大学生抗日委员会借总理纪念周的时间，举行对日不合作总宣言宣誓典礼，全体学生宣誓不购日货。时黑龙江马占山孤军坚持抗日，得到全国响应，燕京大学全体学生于 11 月 19 日致马占山电称："伏唯努力杀贼，为民族留最后人格，并将此遍传部曲，宣慰吾民感泣爱戴之至。"[40]燕大校方考虑学生参加爱国运动，耽误正常学习，通过决议："全校教员注意国难情形，及最近平津不安形势，关于课室之工作，取同情态度对待学生"[41]，并应学生请求，准免各项月考。

　　燕大学生除参加集体抗日活动外，也有个别激进者，弃学从军，或绝食请愿。燕京大学四年级学生陈慧光，因愤于日本强占吉辽，决志弃学从戎，则于 10 月 7 日抵达南京，拟入南京总部训练处，受军事训练。"该总部以其志可嘉，已允许入伍。"[42]后也有燕大李云若，因愤日军暴行，特往南京从军。燕大四年级英文系学生吴世昌还与其胞兄清华教师吴其昌全家绝食，决定赴京请愿，"但望能因此激发对国事漠不关心之天良。"[43]11 月 20 日，受到张学良接见，翌日赴南京。绝食请三事："急调大军由昂热线，尽夜趋进，捣日寇之背，以解龙江之围；急电蒋主席调首都空军飞黑，驱逐暴日；急电巴黎施公使在日军未退出洮昂线以前，拒绝任何掉调解。"[44]11 月 24 日，燕大学生会及全校教职员昨特电国府声援，并电吴氏兄弟进食。"所请三事，实属急务，谨恳国府尽量采纳，以救危亡，敝校全体为吴后盾。"[45]燕大四年级学生田兴智更是以离校来表示抗议，宣称："因政府对暴日态度处处退让，如蒋不对日宣战，则不返校读书矣。"[46]

（三）高潮：赴京请愿与爱国运动周

　　11 月 11 日，北平教育局根据教育部电令致电燕京大学，严禁学生赴京请愿，"各校学生，均应安心学业，遵守秩序，以作外交之后盾，勿得率而来京，

40　《北平师大、燕大、辅大附中电慰马占山》，《世界日报》1931 年 11 月 22 日，第 7 版。

41　《国难方殷，燕大准免月考》，《平西报》1931 年 11 月 19 日，第 1 版。

42　《各院校学生全体出发，国庆讲演抗日》，《京报》1931 年 10 月 9 日，第 7 版。

43　《绝食请愿之吴世昌赴京前一封血泪书》，《益世报》（北平）1931 年 11 月 26 日，第 6 版。

44　《清华大学教师吴其昌全家绝食》，《北平晨报》1931 年 11 月 21 日，第 7 版。

45　《清华请愿团百九十人昨赴京，燕大全校电京声援》，《北平晨报》1931 年 11 月 25 日，第 7 版。

46　《燕大学生田兴智何往？》，《平西报》1931 年 11 月 26 日，第 1 版。

荒废学业。"[47]但在爱国高涨形势下,电令几乎成为空文,并无法阻止学生赴京请愿。1931 年 11 月 23 日,蒋介石任顾维均为外交部长与日折冲。顾维均走马上任即向蒋介石提出了在锦州一带设立中立区的建议,再次遭到举国强烈反对。11 月 24 日,在清华大学请愿团赴京请愿后,燕京大学学生除发电声援外,也于 26 日召开全体学生大会,会上决定全体赴京请愿,28 日下午 5 时全体出发。[48]后抗日会即向学校当局要求停课请愿,学校行政执行委员会认为:"现在大学生南下请愿的时机不成熟,可能会影响政府的日常管理;允许个别学生参加,不能耽误正常的课程。[49]27 日上午,校长吴雷川亲自召集学生谈话,希望学生安心读书,请愿无助于事情解决,但劝阻学生无效,遂向学校董事会辞职。[50]后学生又推代表见司徒雷登请求停课请愿,司徒雷登召集大学行政执行委员于 28 日上午开会,最后决定停课一周,任学生赴京请愿。"凡留校者,须一律参加爱国运动,留校担任抗日工作。"[51]燕大遂成立爱国周筹备委员会,负责进行一切工作。

11 月 30 日,校长吴雷川自动打消辞意,参加爱国运动周。当日上午举行宣誓典礼,下午 2 时,燕大教职员学生及工人约 700 人,齐集南操场,每人手执白纸小旗一面,上书各种爱国字句,出校游行,下午 4 时返校。[52]12 月 1 日至 4 日,燕大师生于每晨九时齐集大礼堂誓志,后"分组讨论,合组报告,与专家指导,注重理智的研究,和头脑的冷静。"[53]上午讨论之题目,依次为对日宣战问题,外交上应采取之步骤,东北问题之基本原因,今后之改造工作。下午 2 时至 4 时有各种工作,任人选择一种,分为 8 种训练班:军事训练、救护班、测量队,无线电队;手工团;军事化学演讲及文字工作,每人必须选择一种,注重实地的练习和手足的敏捷。"闻女生则以加入手工团者为最多,男生则以加入军事训练及演讲者为最多。"[54]晚为各讨论班主席书记之师范班,由

---

47 《北平市教育局公函》,《燕京大学校刊》1931 年第 4 卷第 10 期,第 1 版。

48 《燕大全体学生,明日赴京》,《导报》1931 年 11 月 27 日第 6 版。

49 Minutes of the Faculty Executive Committee Meeting, 26 and 27, Nov, 1931(燕京大学行政执行委员会记录),北京大学档案馆藏:燕京大学档案,档案号: YJ1930001。

50 Sin-Jan Chu, *Wu Leichuan: A Confucian Scholar and Christian Reformer in Transforming China*, Ph.D Dissertation of Boston University, 1993,p.131.

51 《燕大请愿团昨赴京》,《世界日报》1931 年 11 月 29 日,第 7 版。

52 Phillip West, *Yenching University and Sino-Western Relation,1916-1949*, Cambridge : Harvard University Press, 1976,p.164.

53 刘广志:《燕大爱国运动周拾零》,《真理与生命》1932 年第 6 卷第 4 期,第 33 页。

54 《燕京大学爱国周纪要》,《华北公理会月刊》1931 年第 5 卷第 10 期,第 31 页。

专家指示次日讨论大纲。同时，鉴于地方居民对国家大事丝毫不知，燕大学生还组织宣传队于 12 月 2 日起开始在燕大附近村庄及远途演讲，"宣传暴日侵略我国真相，使乡民对于中国近日之情形，与所遭遇之侵略危害，更有深切之认识。"[55]演讲队还到北平小学校演讲，曾就"病夫"问题连讲三天，让小学生明白中国失败的原因及改良的方法。[56]另组织长途宣传队男女十人于 12 月 3 日上午出发，先乘平绥车至南口，然后再分往各村宣传，"听者闻听之下，皆悲愤交加，咸有为国效劳之慨。"[57]爱国运动周于 12 月 5 日圆满结束，当时作为燕大抗日会的喉舌之一的《火把》曾指出："爱国行动周"是燕大有史以来一种有价值的运动，也是中国教育界对于爱国运动创始的贡献，其意义之重大，自不待言。[58]

　　11 月 28 日下午，燕大男女团员 190 余人不顾北平当局劝阻，毅然赴京请愿，其请愿人数占全校学生四分之一，远高于之前清华大学 30 余人的请愿团人数，也影响带动了北京大学学生组织请愿。燕京请愿团于 30 日上午抵达南京，入驻金陵大学。12 月 2 日上午 10 时，徐州学生请愿团及燕大学生请愿团同时来到中央党部请愿，希望蒋介石北上抗日，恢复民众运动。蒋氏亲自接见并训话，希望学生信任政府，"所请愿各点，政府均当接受，择其重要者，政府当尽先切实去做，以达各位请愿之目的。"[59]是日 12 时，请愿团又赴外交部请愿，署理外交部长顾维钧接见，顾维钧提出，"对日外交方针维持不撤兵不谈判原则；最短期内应自动废除中日间一切不平等条约及收回日租界"[60]，后请愿团即整队而散。12 月 3 日上午，燕大学生全体瞻仰中山陵后，于当晚乘车返回。而请愿团学生北返中，部分学生又忘掉国难，"女同学及生病男同学坐头等客车，竟成燕大之交际室，或则高声谈笑，或则手舞足蹈。[61] 12 月 5 日晚，请愿学生全体返回北平。12 月 7 日，燕大正式复课，持续两月多久的抗日活动暂告一段落。

55　《燕大学生宣传队分途出发，沿平绥线前进》，《导报》1931 年 12 月 3 日，第 6 版。
56　刘广志：《燕大爱国运动周拾零》，《真理与生命》1932 年第 6 卷第 4 期，第 34 页。
57　《燕京大学长途宣传队劳苦功高，昨已返校》，《平西报》1931 年 12 月 8 日，第 2 版。
58　编者：《关于爱国运动周》，《火把》1932 年 26 期，第 3 页。
59　《蒋主席对徐州及燕大学生训话》，《中央日报》1931 年 12 月 3 日，第 2 张第 1 版。
60　《徐州及燕大学生向中央及外部请愿，蒋主席训话勉慰》，《民国日报》（上海）1931 年 12 月 3 日，第 1 张第 4 版。
61　《南下请愿的零零碎碎》，《燕大周刊》1931 年第 5 期，第 10 页。

1932 年 9 月 18 日上午，燕大由教职员抗日会及学生会共同举办九一八周年纪念会，到会 300 余人。台上悬挂一幅血溅之中国地图，由教师、学生代表演讲后，继由东北民众抗日会代表演讲，号召师生勿忘国难抗日。而当国联调查团于 1932 年 10 月初公布调查结果，主张以国际共管取代日本独占后，燕大学生异常愤慨，10 月 14 日召开全体学生大会，"政治学会主席卓还来主持大会，谴责国联调查团偏袒日本帝国主义强占我东北。"[62]东三省沦陷后，东北各地义勇军纷起血战抗日，声势浩大，亟待援助，燕大学生抗日委员会与教职员抗日会合作举办成立募捐团，于 1932 年 10 月 24-31 日举行募捐周，将募捐钱物转交义勇军。此后每当九一八事变纪念日，燕大师生都会举行纪念活动。值得一提的是，此时燕大校园内成立了共产党的地下党支部，由杨缤出任党支部书记，有正式党员 9 人[63]，也积极组织参与抗日救亡运动。由于党支部为非公开组织，当时抗日活动都交给燕大的外围组织——燕大的反帝同盟出面去做。反帝同盟在燕大支部领导下，当时做的主要工作由：在学校中开展抗日宣传，领导抵制日货运动；组织义勇军军事训练；南下请愿。1932 年春，燕大内的反帝同盟停止了活动。[64]

二、理性爱国：燕大教师的活动

"九一八"事变发生后，燕大教师也积极行动，参与救国运动。9 月 21 日，燕大教师举行特别会议，组织特别委员会，讨论进行反日宣传，并商请校长派专人赴沈，调查此次日军暴行之真相。[65]会中教职员会中发言者颇多，"黄子通先生则谓此项事变真相，须调查清楚，方便宣传，高厚德先生当即代表西国教职员声明，谓倘有见用之处，极愿努力。"[66]同日，燕京大学参与新成立的平津学术团体对日联合会，该联合会的宗旨是对各校学生的抗日活动给予指导。翌日，平津各学术团体致电日本各大学教授，说明日本侵略之隐忧，"贵国军队此等暴行，纵可占一时之利，而精神道德之破产，必贻无穷之隐忧。诸

---

62 张玮瑛、王百强等主编：《燕京大学史稿（1919-1952）》，人民中国出版社，1999 年，第 511 页。

63 王效挺、黄文一主编：《战斗的历程：燕京大学地下党概况》，北京大学出版社，1993 年，第 35 页。

64 燕大文史资料编委会编：《燕大文史资料》第 5 辑，北京大学出版社，1991 年，第 79 页。

65 《教职员组织特委会》，《平西报》1931 年 9 月 22 日，第 1 版。

66 《教职员学生抗日运动》，《燕京大学校刊》1931 年 4 卷 3 期，第 1 版。

公明达所见，当与军人不同，心所谓危，敢以相告。"[67]9 月 23 日，燕大全体教员又致美国托事部一电，请其将电文于美国各报纸上宣布，该电系说明此次事变之真相，要求美国舆论界主持公道云。[68]9 月 24 日，燕大政治系教师徐淑希在燕大教职员特别会议讲演日本强占辽吉事件，呼吁教师积极行动。校务长司徒雷登对师生及中国民众的抗日运动颇为支持："我对中国国民深表同情，我绝对赞成中华国民反抗这次日本的妄用武力，我绝对赞成中华国民这番当坚定主张要把一切关于东省问题，根据事实公道作彻底的解决。"[69]

相对于学生的激进，燕大教师则比较理性，也引起了学生的不满。"教职员方面，只有一次学生在大礼堂开会时觉得不好意思，也在丙楼开过一次会，向海外发一通电报之外，仿佛天下已经太平。"[70]受学生运动的影响，中文系教授容庚积极推动燕大教职员抗日，号召组织十人团，个人捐助学生抗日刊物，努力教职员抗日会的工作，在新创办的《火把》连载文章鼓吹燕大抗日救国的精神。10 月 12 日，容庚发起正式成立抗日十人团，召集第一团团员会议，公开宣言：在日本军队未离中国疆土，赔偿其所给与我国一切损失以前，凡我团员绝对不为日人利用，不应日人要求，不买卖日人货物，并各自努力于抗日有效之种种工作。[71]后师生又陆续发展团员，成立数团，到 11 月 6 日，成立已有 13 团，并于当日晚，开团长会议，讨论抗日事宜，规定："凡已经加入十人团的人，应在最近时期内，另约九个未经加入十人团的人，组成一个新的十人团。"[72]

学生抗日委员会成立后，当时《火把》批评教职员的抗日不努力，也带动了教师抗日组织的筹划。"但其中也有美国人不愿卷入中日纠纷，坚持不同意用全体教职员的名义，主张改用'燕京大学中国教职员抗日会'的名义。"[73]10 月 13 日，燕大中国教职员抗日会正式成立，推吴雷川为临时主席，选举容庚、黄子通、洪煨莲、胡经甫、陈其田五人为委员。翌日下午，开教职员抗日会第

---

67 《各校教授致电日本教授》，《世界日报》1931 年 9 月 23 日，第 7 版。

68 《教职员学生抗日运动》，《燕京大学校刊》1931 年 4 卷第 3 期，第 1 版。

69 司徒雷登：《我对于日本侵略东省事件的态度》，《燕大周刊》反日专号第一号，1931 年 9 月 30 日，3-4 页。

70 吴世昌：《火把》，《火把》1931 年第 1 期，第 1 页。

71 《抗日十人团消息》，《火把》1931 年第 7 期，第 4 页。

72 《抗日十人团长会议消息》，《火把》1931 年第 20 期，第 4 页。

73 中共北京市委党史研究室编：《北京地区抗日运动史料汇编》第 2 辑，中国文史出版社，1990 年，第 438 页。

一次大会，商讨检查日货等抗日事宜。10 月 19 日，燕大中国教员抗日会第二次大会举行，会议决定分任编辑中日问题小丛书，编纂 9 月 19 日至 10 月 14 日，中外报纸消息及舆论汇刊，缠黑纱事定用佩章代替，佩章形圆色白，中书"九一八"三黑字。[74]燕京大学教职员签名宣誓不买日货，到 10 月 28 日，已有 171 名教师签字。[75]委员会经费由中国教职员薪水扣除，"99 元以下捐薪百分之一，一百元以上，捐薪百分之二；二百元以上，捐月薪百分之三；三百元以上捐月薪百分之四。[76]教员抗日会后还发挥学术优势，对中日问题进行专题研究，促进学风向经世致用方向的转变，当时研究问题主要如下：中日悬案问题；中日经济关系；满蒙社会状况；日本军事状况；日本在满蒙投资之调查；日货调查表及可代替日货之国货调查表；东三省地图；日本国内教育关于东三省侵略之教材与方法；日本在东三省铁路侵略之历史与计划。[77]10 月 21 日，教职员抗日会决议编印反日丛刊；组织满蒙问题研究班；检举贩卖日货商店。[78]后教师又发起国货展览会，展出布疋、货物棉织品，糖类，纸张类，印刷材料类等国货，参观者众多。燕大中国教职员抗日会还制成抗日纪念章 250 枚，免费分发各中国教职员佩戴。[79]11 月 12 日，燕京大学教职员抗日会电慰马占山："暴日无厌，进窥黑境，先生及诸将士力抗不屈，为国家守疆土，为民众争人格。敝会同人敬谨慰劳，幸坚守原地，万勿退却，全国国民，愿为后盾。"[80]但教师抗日会在经过一段积极抗日行动后，教师参与热情大减，数次抗日会集会因法定人数不足而流会，提议组织的东北问题研究班也未得到多数教师响应参加而停办。

日本侵略也造成燕大师生关系紧张，"学生认为可以通过压迫政府采取行动，通过唤起社会舆论而为国家做出自己的贡献，救国活动比刻苦读书更重要。然而，对教师来说，即使他们完全理解学生的动机，爱国也不能意味着可

---

74 《燕大中国教员抗日会决议，分任编辑中日问题小丛书》，《导报》1931 年 10 月 20 日，第 6 版。

75 《燕京大学中国教职员抗日会第四次大会》，《燕京大学校刊》1931 年第 4 卷第 8 期，第 1 版。

76 《燕京大学中国教职员抗日会第二次大会议决案》，《燕京大学校刊》1931 年第 4 卷第 6 期，第 2 版。

77 《燕京大学中国教职员抗日会第二次大会议决案》，《华北公理会月刊》1931 年第 5 卷第 9 期，第 23 页。

78 《燕大中国教职员进行抗日工作》，《平西报》1931 年 10 月 22 日，第 1 版。

79 《抗日纪念章》，《燕京大学校刊》1931 年第 4 卷第 11 期，第 1 版。

80 《燕大教职员昨开全体大会》，《世界日报》1931 年 11 月 13 日，第 7 版。

以轻易得到毕业证书。"[81]故在学生于 11 月 26 日决定上京请愿，并请求教师资助路费后，教师则决定不请愿，"惟不会以此举，实无益于救国，不能参加。又因各种困难，经济上不能援助。"[82]他们建议学生就地举行抗议活动，这样可以减少对教学工作的影响，也有教师看到请愿不解决实际问题，"请愿是最消极的救国运动的法子，民众向国府请愿和中国政府向国联哀求一样的无效，大家有什么愿，只要大家自己起来，干。"[83]当学校决定组织 12 月初爱国运动周后，当时教职员抗日委员会还通过决议：不参加爱国运动周的联席会议，不资助学生宣传队的经费和爱国运动周的印刷费。[84]但是燕大教师积极组织参与了游行讨论，尤其外国教职员在运动中积极响应中国民族主义运动，"在游行中，在讨论时，莫不义形于色，愤慨于中。"[85]12 月 2 日，燕大教职员发表通电，批评政府变更对日政策，"请全国各界监视政府之媚敌行为，不限日本定期撤兵，先与日本直接交涉。若如此，则凡有血气之国民，当决不承认等语云。"[86]12 月 4 日，因国联纵容日本侵略，放弃惩暴之原意，燕京大学教职员学生及全体工友又通电全国，"质问国民政府当局何必掩耳盗铃，卖国固位，声述国联无力抑制强暴，宣告绝命，请一致拒绝国联决议。"[87]

12 月 5 日上午 9 时，爱国运动周举行结束会，中外员生 900 余人，齐集礼堂，司徒雷登演讲，学生代表孙慧民也发言。司徒氏对学生给予极高评价，特别强调了教师与学生合作，"在六日之中，教职员与学生全体积极从事于爱国之各项工作，自始至终，精神一贯，由此可知教职员与学生永远可合作，更可得到很完备之效果。"[88]校长吴雷川主持唱校歌，并发言说："爱国运动周虽然结束，爱国的工作实在是才起头。"[89]故运动周结束后，学生抗日委员会决

81　Dwight W. Edwards, *Yenching University*, New York: United Board for Christian Higher Education in Asia, 1959,p.338.

82　《燕大请愿团昨毅然南下请愿》，《民国日报》（北平）1931 年 11 月 29 日，第 5 版。

83　《有人说》，《燕大周刊》1931 年第 5 期，第 10 页。

84　忠言：《几句要说的话》，《燕大周刊》1931 年第 7 期，第 6 页。

85　《燕大精神》，《平西报》1931 年 12 月 3 日，第 1 版。

86　《燕大教职员抗日会电告全国报学工界，否认政府变更对日政策》，《全民报》1931 年 12 月 3 日，第 2 版。

87　《国联放弃惩暴之原意，燕大教员学生电请各界拒绝》，《导报》1931 年 12 月 5 日，第 6 版。

88　《燕大爱国运动周昨日结束，司徒雷登出席演讲》，《导报》1931 年 12 月 6 日，第 6 版。

89　刘广志：《燕大爱国运动周拾零》，《真理与生命》1932 年第 6 卷第 4 期，第 36 页。

议于上课后，每星期仍继续讨论中日问题一次，藉以研究对日策略。值得一提的是，九一八事变的发生，也导致燕大首次出现了前文所述的师生大会，"是为在国势严重之下，师生间要有一相互研究讨论的机会，设法启发解决一般问题。"[90]12 月 10 日，燕大美国籍教职员为中日问题召集会议，推司徒雷登、高厚德（H. S. Galt）、施美士（E. K. Smith）、文国鼎（Miss A. Wagner）等 5 人为起草委员，"因鉴于日军长期侵扰中国国土，而国联及美国政府，迄今尚无有效调解办法，当即一致决议通电美国华盛顿调解中日争端。"[91]当 1932 年初，国联派李顿调查团调查日本在东北行动时，燕京的外籍教师趁机与之建立了联系，谴责日本侵略，建议国联调查实事求是，伸张正义。"一些西方教师同意由政治学系的访问教授邓肯（Robert M. Duncan）博士起草的声明和由代理校务长高厚德起草的补充声明，这些文件都被移交给了李顿（Lytton）。"[92]

当时燕京大学工友不下 2 百余人，也组织工友抗日会，集中力量进行救国，立定志愿不买日货。燕大工友抗日会于 10 月 26 日晚成立十人团，从事抗日实际工作，规定每星期二、四两日晚上 8 点到 9 点，在工友俱乐部开抗日讨论会[93]，报告当日国际国内新闻。十人团成立后，报名者颇为踊跃，数日内已报名 140 余人[94]，由海英秀负责。该团宣言为："我们至诚的立誓，永久与日本经济绝交，起来大家努力一切抗日有效之种种工作罢。"[95]11 月 21 日，燕大的普通职工则组织工友义勇军，该校校友郑毓秀、徐荣先为总指挥。"工友已报名者，达四五十人，其中曾入伍充营长或连长及兵士者不下十数人云。"[96]12 月 1 日，又出版《燕大工友旬刊》，宣传抗日。12 月 5 日，燕大工友又召开国难讨论会，请张存信略述东北事变之经过，并告以经济绝交不买日货为消极的抵抗日本之方法[97]，后工友发言者纷纷不绝，讨论救国之方法。

---

90 秀水：《师生大会的意义》，《燕大周刊》1935 年第 6 卷第 3 期，第 15 页。

91 《燕大美籍教职员通电美政府调解中日问题》，《全民报》1931 年 12 月 8 日，第 2 版。

92 Dwight W. Edwards, *Yenching University*, New York: United Board for Christian Higher Education in Asia, 1959,p.339.

93 《燕大工友抗日会成立十人团与讨论会》，《平西报》1931 年 10 月 27 日，第 2 版。

94 《燕大工人十人团》，《平西报》1931 年 11 月 10 日，第 2 版。

95 志：《燕大工友抗日一般》，《火把》1931 年第 15 期，第 4 页。

96 《燕大工友组织义勇军》，《民国日报》（北平）1931 年 11 月 22 日，第 5 版。

97 《平西燕大工友开国难讨论会》，《平西报》1931 年 12 月 8 日，第 2 版。

三、战和之争：燕大师生的抗日言论

燕大作为教会大学，虽然在政府立案，但政府对其管理仍较国立大学松散，校园内自由民主气氛相对浓厚。加之司徒雷登一直倡导政治、宗教及学术自由，故自"九一八"事变发生后，燕大校园内抗日师生言论层出不穷，甚者更是公开抨击政府。当时燕大校内主办的《平西报》、《燕大周刊》、《火把》、《燕大工友旬刊》等刊物，游离于国民政府的新闻检查之外，频发抗日宣传文章，介绍最新东北战况，助推了校园内抗日高潮。

当日本进攻沈阳消息传入燕大后，燕大四年级学生吴世昌对于师生麻木不仁的气氛大有批评。9月21日，吴世昌即在学校公告牌张贴《告全体同学书》，呼吁同学行动起来救国，批评了有些同学对国事毫不关心，也批评了有些绅士式教授，"只要三百元薪金无恙，一家子人口平安，国家亡了也不关痛痒"的观点。[98]事变发生后，创刊数日的《平西报》从9月20日起连发号外，报道日本侵略东北实况，因当时这方面谣言盛行，而关于日本人和国民党的事实真相的报道又很少，该报一度成为北平市民重要的消息来源。该报并在头版开设《燕大警钟》专栏，提醒师生勿忘救国。10月起又连载《日本田中内阁对满蒙积极政策》，揭露日本侵略野心。社评则号召师生担负救国责任："纸上谈兵之国联不可恃，作茧自缚之政府不可信。千钧一发之际，正志士自强之时。"[99] 燕大学生会主办的《燕大周刊》在征稿中也强调救国问题，希望稿件特别注意以下问题：改变学校贵族式生活的问题，严评最近国内分赃的问题，尽量暴露国联的真相，反抗帝国主义者的方法；弱小民族自救的途径。[100]9月29日，《燕京月刊》发布《为东北事件告全国民众》，号召："我们要团结民众，组织民众，以与万恶的日本帝国主义作争斗……我们反抗日本，同时要打倒一切帝国主义，要打倒一切帝国主义，须先推翻国内豪绅军阀资产阶级的统治，然后再以我们自己的力量，建立民众自己的国家。"[101] 燕大学生抗日委员会则于1931年10月5日出版《火把》，专门宣传抗日，不定期出版，刊登师生抗日主张。

98　中共北京市委党史研究室编:《北京地区抗日运动史料汇编》第2辑，中国文史出版社，1990年，第430页。

99　《抗日精神销沈不得》，《平西报》1931年12月10日，第1版。

100　编者:《本刊此后的使命》，《燕大周刊》1931年第2期，第2页。

101　公武:《为东北事件告全国民众》，《燕京月刊》1931年第8卷第3期，第13页。

　　由于燕京大学较为宽松自由的气氛，燕大师生在文章中多次批评政府的不作为，这也在当时北平报界比较少见。国民政府自"九一八"事变发生后，一切唯国联之命是从，当时师生也看到国联的本质及政府的软弱，"国联无非是国际帝国主义的强盗们保持其殖民地的分配的平衡底工具，欺骗被蹂躏的民族的顽意，保障弱肉强食的机关。"[102]更有学生认为政府的政策本末倒置，"吾国政府，仍作党论法统之争，不为御侮雪耻之备，普通人民，亦以为大呼疾号，义务已尽。"[103]还有论者批评政府不作为："南京政府摆起全付架子靠在国联身上，任凭日本军队怎样的扫射中国民众，占取中国的领土，她只不敢对日宣战。"[104]司徒雷登则批评英美国家对日本侵略的纵容，"如果英美当时在满洲采取坚决、团结的行动，就不会有以后一系列历史悲剧的发生……我现在感到一股阴云笼罩在华北上空，似乎预示着其沦陷的悲惨命运。"[105]校长吴雷川也指出中国的内乱导致日本乘虚而入，"如果不是国内不断的战争，弄成国力空虚，民生凋敝，何至有这次日本的侮辱？所以要杜绝外辱，必得止息内争。"[106]当蒋介石在四全大会宣言准备自卫，北上抗日的表示后，《平西报》又呼吁其付诸实际抗日运动，不要只做空谈，"苟仍只对内之示威，而贻供外人之笑柄，则我副司令一人在平已足谈助，吾人又何贵乎元首之亲自出马耶。"[107]对于政府无视马占山的孤军抗战，师生也多有批评："马占山嫩江之战，并非中国政府之指示，事实上亦未受着中央政府任何供给与帮助。"[108]

　　燕大师生对于如何救国，也纷纷献计献策。而抵制日货，经济绝交也为师生所提倡："经济绝交就是不合作主义的实行，不购买日货；不卖给日本食粮和原料、工人罢工、断绝交易。"[109]容庚认为抵制日货为消极方法，还要积极一方面去提倡国货，应用全校抗日会名义，请北平抗日大会早日成立纯粹国货商场，其次成立燕京国货合作社。[110]林卓园则认为："要长期抵制日货，和免

102 丘引，《国联调查团》，《燕大周刊》1932 年第 7 期，第 3 页。

103 次怡：《为党国前途放声一哭》，《燕大周刊》1931 年第 2 期，第 7 页。

104 心病：《在反帝任务中检讨我们的敌人》，《燕大周刊》1932 年第 8 期，第 3 页。

105 John Leighton Stuart, *Fifty Years in China: The Memoirs of John Leighton Stuart, Missionary and Ambassador,* New York: The Random House Inc, 1954, p.112.

106 吴雷川：《经过"国难"的基督教》，《真理与生命》1932 年第 6 卷第 3 期，第 10 页。

107 《蒋中正前途之试金石》，《平西报》1931 年 11 月 26 日，第 1 版。

108 仁惕：《时局前途之展望》，《燕京月刊》1932 年第 9 卷第 3 期，第 7 页。

109 梁桢：《到底怎样对付日本》，《火把》1931 年第 8 期，第 2 页。

110 容庚：《悲愤七：排货》，《火把》1931 年第 17 期，第 2 页。

除五分钟热度的耻辱，就应努力提倡工业，除此之外，别无根本方法。"[111]燕大职工郑成坤、吴盛德等 9 人还提出实业救国的计划，"燕大全体成立创办一工厂，由学校添设一专门工业课程，至正式成立，共用 6 年，两年筹备，两年实验，两年扩张。"[112]林卓园则倡议组织燕大实业救国会，努力宣传国货，引起国人注意。后燕大计划创办造纸厂，但因资金等原因未成功。燕大理科教师还在《火把》刊发《现在理科诸师友最紧要之工作》，主张"短期在学校内成立 Mask 工厂，职员学员制作，理科师友负责指挥，出品送与或售与各校之义勇军以应用。同时将制造法广为宣传，俾便各处依法仿制。"[113]同时，师生还呼吁援助孤军抗日的马占山，法学院学生叶德光则刊文称，"我觉得我们全校应该总动员捐款寄去慰劳他们，若使没有多大困难，最好将款项买各种东西寄去。这就是我们现在参加前线的唯一方法。"[114]容庚更是在 12 月 28 日《火把》提议："教职员捐薪水三十分之一，学生则以每月支出为标准，如每月支出 30 元，则捐助一元；教职员抗日会捐款扣至明年 1 月止。"[115]

当时校内对于解决东北问题的战和策略，也多为师生所讨论，大致分武力抵抗及和平解决派。9 月 30 日，东北籍学生郭德浩在《燕大周刊》刊文主张政府速起武力抵抗："若谓两国的实力悬殊，宣战绝无胜望，但是我们并不是想要怎样取胜，乃是要在交战期间，使列国知道谁是个挑战者。"[116]《平西报》10 月 1 日发《究竟如何对日》社论，分析战和利弊，和既不可，战又不能，希望政府作积极准备，速下紧急动员令，作可和可战之形式；先请国联出面调和，和平失败，即行宣战，作长久抗战之打算；加强团结[117]。还有论者从军事实力、列强态度等分析不能开战，"在这样的时期，中国要战是不得天时，地利，人和了！我希望中日事件和平的解决，就是这样日本未必占了便宜，就占了也比较少。但我们应当从今而后，发奋图强，十年生聚，十年教训，亡日者必我。"[118]燕大基督徒团契成员则从基督教博爱精神出发，主张对日不合作，

111 林卓园：《没有就应当自己设法制造》，《火把》1931 年第 17 期，第 3 页。

112 郑成坤等：《燕大实业救国三二计划刍议》，《火把》1931 年第 21 期，第 1 页。

113 小职员：《现在理科诸师友最紧要之工作》，《火把》1931 年第 7 期，第 3 页。

114 德光：《请燕大教职员同学努力捐款慰劳黑龙江将士》，《燕大周刊》1931 年第 4 期，第 6 页。

115 容庚：《捐助孤军抗日的马占山将军》，《火把》1931 年第 28 期，第 1 页。

116 郭德浩：《国民速起武力抗日》，《燕大周刊》1931 年反日专号第一号，第 19 页。

117 《究竟如何对日》，《平西报》1931 年 10 月 1 日，第 1 版。

118 芸：《中国应当开战吗》，《火把》1931 年第 6 期，第 2 页。

其在《为日本事件致契友书》中主张："一方面努力参加不合作运动以期促醒日本，同时更当在上帝面前为日本为中国为全世界的基督徒，痛切忏悔我们的罪恶，更应从此加紧我们基督徒的救人工作。"[119]燕大宗教学院教授徐宝谦则认为暴力不能消除战争："基督徒绝不应采取战争的途径，对于经济绝交的方法，虽不妨采用；然应用基督教的唯爱主义，使此种方法具感化作用。"[120]燕大宗教学院院长的赵紫宸在 1931 年 10 月的《真理与生命》期刊发表《基督徒对于日本侵占中国国土当持什么态度》中严正指出，应当"本耶稣的精神，提倡对日经济绝交及国民绝交；本耶稣的精神及信徒自己的理解参加救国运动。"[121]

燕大师生也看到光恃政府及国联之力，全不能抵抗日本，必须依靠自身，提议发动全民抗日。《燕大周刊》刊文认为要努力于救国的工作，别再单靠政府、国际。"可靠的只有自己，所以凡是经济绝交，军事训练，实用智识，和各种由自己的意识，觉得是救国抗敌有效的工作，都应用 12 分的精神去干。"[122]学生代表许宝骙在 1931 年 10 月 10 日双十节纪念会上发言："吾人须得注意精神团结，誓死与日人相持，敢信暴日必将畏惧。"[123]经济系教师陈其田主张卧薪尝胆自救，"不要无意识的破口骂人，我们应该自贬自责。不要侥幸依赖第三种势力，要自立自救；不要因一时的刺激而空言主义，要继续不断的备战。"[124]赴南口参加长途宣传的学生叶德光感慨则要启发民众爱国觉悟："爱国最紧要的工作并不在游行喊口号，我们应该实行到民间去，去帮助痛苦无告的平民。"[125]历史系教授顾颉刚则在《中学生》杂志上刊文呼吁青年朋友不要空言救国，开会请愿喊口号并不能救国，而是要到民间去，把自己的脊梁竖起来，真正去唤醒民众作有效的抵抗。[126]瞿同祖则认为救国不能依靠读书，需要付诸行动："学生时代功课方面自然要紧，但读书救国不是短时间内所可办得到的，凡事总要比较其轻重缓急。反日工作从普遍的宣传与军事

---

119 陈晋贤：《基督徒对于国难态度的分析》，《金陵神学志》1932 年第 14 卷第 5 期，第 14 页。

120 徐宝谦：《基督教对于中国应有的使命》，《金陵神学志》1933 年第 15 卷第 1 期，第 17 页。

121 宸：《基督徒对于日本侵占中国国土当持什么态度》，《真理与生命》1932 年第 6 卷第 1 期，第 1 页。

122 湘灵：《宁不知倾国与倾城，佳人难再得》，《燕大周刊》1931 年第 2 期，第 5 页。

123 《双十节纪念会》，《燕京大学校刊》1931 年第 4 卷第 6 期，第 1 版。

124 陈其田：《国民自贬诏》，《燕大周刊》1931 年反日专号第一号，第 10 页。

125 德光：《长途演讲经过及所得的教训》，《燕大周刊》1931 年第 7 期，第 5 页。

126 《贡献给今日的青年》，《中学生》1932 年第 21 号，第 52 页。

训练实行。"[127]也有论者提出不能空谈理论，"救国不是空谈的，不是成立了一两个什么委员会就算了的，也非是打了两张电报，发了一篇宣言，唤了几句口号，贴了许多标语变算完了的。救国纯然是精神的，而且是见之于行动的。"[128]更有论者批评部分学生对爱国运动的不合作："燕京学生的个性却很发达，倒是不合作主义的信徒……反抱着顽固的主见，吹毛求疵，做些片面的攻击，使反日工作，无形中发生阻碍。"[129]

燕京大学工友文化水平普遍不高，但同样怀有爱国之热情，提出各种应对策略。12 月 1 日，燕大工友俱乐部出版《燕大工友旬刊》，作为工友抗日宣传工具，刊发工友抗日感谢与建议。燕大工友抗日十人团主席海英秀于 12 月 21 日号刊物上刊发《救国歌》，供工友传唱。姚文芳则批评国人对国事冷漠，头脑简单，思想浅薄，欲望太高，呼吁"散沙段的同胞啊，还不醒悟。停止内争，抛去私意，巩固团结的精神，牺牲一切，共赴国难。"[130]工友王寿颐则号召国人团结抗敌："请大家团结起来，努力向前奔走，不要有退一步的思想。"[131]工友中更有激进者希望政府借"一二八"事变组织反攻，"乘着日人在东北势力还没稳固的时候，我们就反攻回去，这是惟一的机会。[132]在"九一八"事变一周年之际，又有工友提倡反攻："现在是青纱账起之时，正出兵关外，收复东北失地的时候……望国人醒悟，督促政府出兵关外，把日本灭掉。"[133]对于政府无视东北义勇军孤军奋战，工友们多对政府指责："任全国民众，奔走呼号，一致主战，而竟不参加任何项意旨，只有口头上的长期抵抗。"[134]而工友对于国联调查团的软弱也是义愤填膺，"国联没用强制的手段对待日本……我们绝不能靠别人了，还是民族起来，共同打倒暴日之侵略吧。[135]

自晚清以来，教会学校一直被当做帝国主义文化侵略的工具，认为师生政治上比较保守，对于民族主义运动的态度冷淡，"或由于确实虔信国际主义，

---

127 司徒雷登：《我对于日本侵略东省事件的态度》，《燕大周刊》1931 年反日专号第一号，第 3 页。

128 磬平：《沈定与毅勇》，《火把》1931 年第 6 期，第 3 页。

129 姚曾虞：《呜呼!燕大学生》，《火把》1931 年第 5 期，第 6 页。

130 姚文芳：《对国难的感想》，《燕大工友旬刊》1931 年第 8 号，第 1 版。

131 王寿颐：《抗日声中工友应有的认识与努力》，《燕大工友旬刊》1932 年第 7 号，第 1 版。

132 曹振山：《收回东北》，《燕大工友旬刊》1932 年第 8 号，第 2 版。

133 明：《肃清东北义勇军与决心占华北》，《燕大工友旬刊》1932 年第 20 号，第 2 版。

134 嘻：《政府对东省终究如何》，《燕大工友旬刊》1932 年第 19 号，第 2 版。

135 高凤岐：《对于国联之感想》，《燕大工友旬刊》1932 年第 15 号，第 1 版。

不同情于国家主义，或由于确实承奉帝国主义，不直于新民族主义之运动"[136]。然而燕京大学师生却用实际行动推翻了此种定论，由于燕京大学作为教会大学，较少受到国民党的思想管制，自由讨论和独立思考的学术氛围比较浓厚，进步思想在校园得以传播，中外教员学生中都有一批同情中国革命的正直人士，所以燕京大学师生在北京学界爱国运动中一直扮演着重要角色，用实际行动表现出教会大学的超乎寻常的民族主义情结与强烈的政治责任感。对于所有中国教会学校的师生来说，反日运动既不是针对西方人也不是基督教，参加救国运动也就比较自觉。面对1931年日本的悍然侵略东北，燕京大学师生秉承"因真理得自由以服务"的校训，发扬一贯的爱国精神，积极行动参与救国，其组织活动的广泛及深度，皆比当时同处北方的教会大学辅仁大学与齐鲁大学高出一筹。燕大师生在民族危亡的关头，为抗日救亡而奔走呼号，除了固有的爱国主义与民族主义因素作用外，当然也有基督教普世博爱精神的影响。国民党政府面对国难体现出的不作为，更是激发了青年知识分子的爱国热情，燕大更利用教会校园的特殊环境，对国民党的不作为给予尖锐批评，加深了知识阶层与政府的隔膜。

　　然而，燕大的抗日救亡运动起初的行动意见并不统一，校方及师生对运动的开展始终存在分歧，双方关系一度发生紧张。因政治理念及接触环境的差异，燕大师生对于1931年的爱国运动的反应是各不相同的，他们不满意国民党在外交方面所作的妥协和对国内改革的举棋不定的态度，但对于如何改变现状却争论不一。燕大学生相对于教师在救国行动上更加激进，而教师的救国则更加务实，不认可学生的过激行为，造成了师生关系的紧张。燕大教师多主张学生该读书救国，学生应"集中全部精力追求自己的兴趣和事业，从而摆脱各种麻烦。在政治上的积极会给自己带来危险，对国家也是有害无益。"[137]在一定意义上而言，"九一八"事变也改变了燕大的学风，部分师生转向乡村建设和社会服务工作，教师也开始更加在学术研究上注重经世致用。从燕大学生的救国实践个案可以看出，教会学校学生在立案后往往积极参加民族主义运动，但常常由于一时的冲动而参加示威游行，等到热情消退，一筹莫展时，就会回到课堂，并不能从根本上解决救国的问题，反而教师的务实行动更利于挽

---

136 徐宝和：《政治运动与基督教学生》，《真理与生命》1927年第2卷第1期，第6页。
137 Jessie Gregory Lutz, *China and the Christian Colleges, 1850-1950*，Ithaca: Cornell University Press，1971，p.337.

救国家危亡。虽然燕大师生的救国运动未能实现自己的最终目标，但他们经过此次爱国运动的洗礼，为以后燕大策划发动"一二九"运动奠定了基础。此外，本次爱国运动适逢燕大在教育部立案之后，燕大的积极反应说明了其逐步从外国教会学校向中国的学校的过渡，本土化的趋势日益加强。

第八章　国难下的基督教与民族主义：华北基督教会抗日救亡运动（1931-1937）

　　基督教自近代大规模入华传教后，实行政教分离，对中国的政治运动多持消极逃避态度，不鼓励基督徒与教会学校师生参与爱国活动，为此经常受到中国人的批评。当时部分知识分子认为基督教与民族主义运动格格不入，"民族主义运动总是在某种程度上同外来宗教的宣传相敌对的；传教组织，不管它抱有如何无私和慈善的动机，一般都被看作是与民族发展不相容的。"[1]但是，1931年"九一八"事变后，日本侵华加剧，华北地区成为中日交涉的前沿地区，社会各界掀起了救亡热潮。华北基督教会对日本的侵略，也开展了积极的救亡运动，只是其内部对救国的具体方式产生了争论，然学界对此研究却较为薄弱。[2]本章拟考察 1931-1937 年间，华北基督教会面对日本侵华所做的应对，分析其在抗日问题上的实践与争论，探究其开展的具体救亡活动，进而认识来华基督教与民族主义之间的复杂关系。鉴于史料与篇幅所限，有关华北教会学校与天主教的抗日救亡活动，将另作专文讨论。

1　贺麟：《文化与人生》，商务印书馆，1988 年，第 158 页。

2　如，顾卫民：《国难与中国基督徒》（《史林》1995 年第 2 期）、俞祖华：《基督徒与
　　抗日救亡运动》（《抗日战争史及史料研究》，南开大学出版社，1996 年）、赵晓阳：
　　《抗战时期中国基督教青年会军人服务部研究》（《抗日战争研究》2011 年第 2 期）
　　及姚西伊：《"九一八"后中国基督徒对战争与和平问题的思考与讨论》（刘家峰主
　　编：《离异与融会：中国基督徒与本色教会的兴起》，上海人民出版社，2005 年）
　　等文章，对此问题有综合研究，但涉及华北基督教活动的内容较少，且在具体史实
　　与史料运用上仍有深挖的必要。

随着日本侵华的咄咄逼人态势，基督教若不予因应中国人民的抗日心理，必将被中国民众所抛弃。特别是出于中国人本能的爱国之心与民族感情，处于日本侵略最前线的华北广大中国基督徒，或声讨日寇，或捐钱捐物，或进行医疗救护，开展了颇有声势的救国工作。此时期，华北基督教会正开展振兴教会的"五年奋进布道运动"（以下简称"五年运动"或"五运"），将该运动与抗日救亡密切结合，他们认为五年运动就是救国运动："五运的种种工作，恰是今日中国所最需要的，所以我们当这国难方殷的时候，我们做爱国的种种运动，切不要忘记了五运这种根本救国的运动。"[3]在民族危机日渐加剧的形势下，中国基督徒作为中国人的一部分，自不能置身事外，他们从基督教义内寻找救国思想资源，体现了基督徒的强烈使命感。教会人士认为："我们并不是提倡狭义的爱国主义，也并没有受任何党派所利用，我们要救亡，乃是因为我们要维护正义！"[4]当时华北各大教会报刊，纷纷刊登中日问题讨论，提供解决国难问题方案，讨论中国基督徒与国难的关系。如，1931年10月的《华北公理会月刊》刊登了《中国基督徒对于日本出兵东三省的认识及准备》《国难时期基督徒信仰问题》《我对于现今时局的感想》。北平的《真理与生命》则刊登了《基督教对于日本侵占中国国土应当持什么态度》《基督徒今日为国难的奋斗》《信徒对于国事第一步的工作》等文章。因对中日时局、教义等方面的认识差异，基督教会内部对于救国方式有不同见解，而纵观华北基督教会各派的救国行动与建议，根据当时基督徒的看法[5]，大体分为武力抵抗、唯爱及稳健三派，现分别叙述。

第一节　武力抵抗派的言行

基督徒中的武力抵抗派认为基督徒固应主张和平，然抑制强暴是实现和平的必由之路，提出武力抵抗是出于自卫，不是侵害他人，为维护世界和平，不得不武力抵抗。如有基督徒提出："我们要想和平，只有与野蛮主义、军国

3　曹新铭：《五年运动就是救国运动》，《中华归主》1932年第124期，第14页。

4　黄培永：《基督徒学生与救亡运动》，《消息》第10卷第7、8合刊，1937年10月，第44页。

5　参见张祖翼《基督徒于东省事件态度的剖解》（《女青年》1932年第11卷第1期）及陈晋贤《基督徒对于国难态度的分析》（《金陵神学志》1932年第14卷第5期）两文的分析。

主义者相抗，同时用我们的武力来用以自卫，那正是我们去求和平。"[6]还有
基督徒认为："如日兵无故占我土地，杀我同胞，则自卫的武力抵抗是应当
的。中国如欲做和平运动的一分子，第一须先有武力的准备，有了足以自卫
的武力，方能谋中华民族的出路，方能扶助弱小民族求解放。"[7]亦有基督徒
针对日本的暴行，提出凡属基督徒不论国界，都应反对其暴行："我们主张武
力铲除世界的暴力暴行，当如不是基于狭隘的爱国心，甚至可以说并不是有
甚么国界的成见。"[8]《野声》发表的《告全国基督徒书》中提出："如果非武
力不足保障世界和平，为什么基督徒不可以借用武力呢？如果非战争不能够
实现人类的正义，为什么基督徒不应该参加战争呢？"[9]再如"基督将军"冯
玉祥于 1931 年 10 月在北平发表通电，希望政府："团结民众，一致对外，
督促全国军队，开赴前线重要口岸，正式抵抗日本帝国主义之侵略，而为民
族生存之防御，以雪无上之奇耻。"[10]部分教会还组织救国会，抗日态度比较
坚决。针对日军不断侵占东北领土，山西汾阳教会组织的基督教救国会发布
宣言称："如日本一再执迷不悟，得寸进尺，国际联盟不能保持和平，主张
公理，为求生死计，只有全国武装起来，对日宣战。"[11]1931 年 11 月，作为
基督教全国性组织的中华基督教会全国总会（以下简称"全国总会"）亦致
国内诸从政基督徒，反对妥协，"希望从政基督徒为国牺牲，拥护正义，雪
我国耻。本会全体会众追随领导，誓作后盾，并通行各大区堂会 11 月 15 日
一致举行国难公祈"。[12]1933 年初，在北平青年会组织的学生会议中，有基
督徒还指出："我们认为国际联盟是空的，除非我们战斗，中国就没有希望。
如果我们希望延续中华文明，我们就必须战斗。"[13]当然，受基督博爱精神影
响，此派主张虽然符合抗日实际，但在中日战事初期，并不为多数基督徒接
受。

---

6 鸦翘：《自卫是爱护和平》，《华北公理会月刊》1932 年第 6 卷第 3 期，第 12 页。

7 檀仁梅：《基督与武力》，《唯爱》1933 年第 10、11 期合刊，第 63 页。

8 谦：《基督教与非战主义》，《兴华杂志》1931 年第 28 卷第 40 期，第 6 页。

9 《告全国基督徒书》，《野声》1931 年第 2 卷第 2 期，第 3 页。

10 《冯玉祥通电》，《野声》1931 年第 2 卷第 2 期，第 32 页。

11 《汾阳基督徒抗日救国会宣言》，《兴华周报》1931 年第 28 卷第 44 期，第 30 页。

12 《致国内诸从政基督徒书》，《总会公报》1931 年第 3 卷第 8、9 期合刊，第 803-804 页。

13 邢军著，赵晓阳译：《革命之火的洗礼：美国社会福音和中国基督教青年会（1919-1937）》，上海古籍出版社，2006 年，第 144 页。

武力抵抗派中除少数基督徒赴前线参军抗日外，更多的体现在战区服务工作方面。因日军进犯热河，长城抗战开始，1933 年 2 月 18 日，中华基督教青年会全国协会（以下简称"青年会全国协会"）在上海正式成立中华基督教青年会战区服务全国委员会，简称为"战委会"。[14]战委会之服务工作涉及募捐、收送慰劳品、备置及输送医疗药品、组织急救训练班、举行战况报告及演讲，使一般民众得悉战事实情。该会最初在北平设立战区服务部，聘北平青年会干事全绍文为主任，主持前方实际工作，在喜峰口、古北口、冷口一带先行设立招待处。战委会聘请蒋介石为名誉会长，并请其通告全军给予承认及保护，对该会涉及的慰劳品、仪器等运费给予优惠，并实行免税免验。[15]1933 年 3 月 24 日，青年会全国协会总干事梁小初在保定向蒋介石面陈战委会计划，受到蒋介石肯定，并令军需处拨付 2.5 万元给予支持，其余经费由各地青年会联合募捐 7.5 万元。[16]战委会的成立，也是青年会全国协会首次在华成立全国性的战区服务组织，开创了基督教战区服务的先河。

华北各青年会后来多参加战委会的服务工作，分为北平、天津、张家口、保定、大同等 12 个分区，并相继成立了服务部。各服务部的具体活动，主要围绕前线伤兵与军人的需要展开，各部多设立普通招待处、伤兵招待处、伤兵医院俱乐部、军官俱乐部及军人俱乐部，在前线及后方医院开展慰问与救济伤兵、难民工作，还通过放映或表演向民众宣传战事。[17]为保证服务质量，北平天津青年会干事联合会在 1933 年初分组到前方考察战地实况及前线官兵的需要，前方将领对他们的服务计划表示赞同，并称："彼等之兵士生活，殊感枯燥，大有增添其趣味之必要。"[18]同年 3 月 25 日，战委会派员从北平青年会出发，携带大宗伤兵用品到战事沿线的蓟县、遵化等地，设立伤兵招待处，除提供医药外，还为伤兵组织教育班、代写家信处，以及娱乐等服务，并为受伤将

14 中华基督教青年会全国协会编刊：《中华基督教青年会五十周年纪念册》，上海，1935 年，第 74 页。

15 《梁小初电蒋中正（1933 年 4 月 8 日）》，台北"国史馆"藏：蒋中正总统文物档案，002-080200-00075-028。

16 《梁小初电蒋中正（1933 年 4 月 13 日）》，台北"国史馆"藏：蒋中正总统文物档案，002-080200-00076-057。

17 中华基督教青年会全国协会编刊：《中华基督教青年会五十周年纪念册》，第 74-75 页。

18 《战区服务工作报告》，中华基督教青年会全国协会编：《中华基督教青年会年鉴（1933 年）》，青年协会书局，1934 年，第 37 页。

士特设厨房，预备粥汤热食等。[19]1933 年春，北平区服务部创办军人俱乐部，平均每日有 200 余受伤军人来此娱乐，特别是各种棋类游戏，颇为军人所爱好[20]；保定区服务部自 1933 年成立军人俱乐部以来，每日来者都有二三百人，其设有休息室、留声机、书报等，并设席棚，以备官兵休息喝茶，还派员到伤兵医院服务[21]；战委会在唐山兵站医院也设有服务部，该部通过医院内的青年会室提供各类娱乐活动，队员还轮流到病室慰问，并为伤兵代写家信，放映电影，受到伤兵欢迎。[22]随着长城抗战结束，战委会的工作也在同年 8 月底停止活动。战委会所至各处，无不备受军事当局及士兵欢迎，并蒙第三十二军军长商震与第二十九军军长宋哲元馈赠锦旗，以志纪念。[23]青年会的此次战区服务基本完成了其工作计划，这得益于全国各基督教团体打破教会派别限制，在人才与经费等方面的大力协助。如，张家口战区服务部曾与该地的美普会、救世军、神召会、安息日会等教会合作，在救护妇孺工作上协同救济。[24]特别是在战区服务方面，"此种开创工作之价值所在，则早已证明，尤其在中国军队中，更能适应实际的需要"。[25]

　　1936 年底，绥远抗战爆发后，青年会全国协会又根据 1933 年在华北战区服务的经验，组织成立"全国青年会军人服务委员会"。该会派员对前线情形进行调查，取得阎锡山、傅作义的许可后，在归绥设立总部，由北平青年会干事萧泗千出任总干事，并在集宁、大同等地设立支部。[26]傅作义对青年会 1933 年战区服务印象深刻，当时称只允许青年会来前线服务，因他认为："青年会是以服务为目的，我们知道你们没有背景，所以很欢迎你们来。"[27]服务部为伤兵、军人及军官成立俱乐部，为官兵举行文体类的游艺活动，并在医院慰劳

19　《全国青年会战地工作》，《兴华周刊》1933 年第 30 卷第 13 期，第 30 页。

20　《青年会战区服务》，《北平青年》1933 年第 24 卷第 19 期，第 4 页。

21　《战区服务部每日在重伤医院服务》，《保定青年》1933 年第 19 卷第 6 期，第 2 页。

22　《前线寄来的信》，《申报》1933 年 4 月 20 日，第 8 版。

23　梁小初：《国难中之青年会》，《中华基督教会年鉴》第 12 期，1933 年，第 175-176 页。

24　南秉方、李安民：《张家口战区服务部报告》，《同工》1933 年第 123 期，第 22 页。

25　《战区服务工作报告》，中华基督教青年会全国协会编：《中华基督教青年会年鉴（1933 年）》，第 42 页。

26　*China Young Men's Christian Association Year Book,1936,*Shanghai: Association Press,1937,p.18.

27　《萧泗千君报告前方工作情形》，《消息》1937 年第 10 卷第 2 期，第 32 页。

伤兵。该会成员从华北各青年会干事中抽调,计 21 名,另有技师 6 人,"在武川、百灵庙、集宁、陶林、兴和、大同等处工作,极为各士兵所欢迎,傅作义主席尤为优待"。[28]如,集宁区服务部除成立军官、军士俱乐部外,还为士兵放映电影,并组织篮球比赛与春节游艺大会;绥远区服务部则于 1937 年 1 月 17 日至 19 日举行慰劳官兵游艺大会,演戏三天,每次到会人数均在千人以上[29];同年 2 月 28 日,绥远区服务部还在归绥举行了赠送"抗敌受伤将士纪念奖章"典礼,傅作义出席并致辞,全场伤兵及观礼人员达一千六七百人。[30]随着战事结束,服务部于 3 月底结束了在绥远、集宁等地服务,傅作义赠送服务纪念章,并特致电青年会全国协会表示感谢。此外,该会大同服务部活动尤为显著。该服务部成立军官俱乐部及伤兵俱乐部,在 1937 年 2 月举行慰劳游艺会与防空防毒展览会。当时,云冈伤兵医院俱乐部有伤兵及病兵 170 余人,服务部为他们成立识字班、研经班、讲故事及歌咏班。[31]青年会的军人服务,针对前线官兵的实际需要开展活动,最大程度地救助伤兵,特别是满足了他们的精神生活需要,为 1937 年后更大规模的青年会军人服务部的成立积累了经验。

武力抵抗作为最为有效的抗日形式,因基督教一贯反对暴力,故起初持该派主张的基督徒属于少数。然此派基督徒坚持呼吁武力抗日,打击了基督教会内部的妥协投降的思潮,并随着日本侵华加剧,成为多数基督徒接受的主张。特别是青年会的战区服务工作,在支援前线服务中贡献颇大,这更是武力抵抗派基督徒直接服务抗战的务实行动。

第二节 唯爱派的言行

唯爱派基督徒以中国唯爱社的成员为代表[32],该派站在耶稣唯爱主义的立场,反对武力抵抗及用战争解决问题,认为:"战争的途径,根本上与基督教唯爱的精神相背驰。战争的目的在力服,基督教则主感化。战争所用武器在毁灭,基督教则主救赎。"[33]该派根据唯爱的原则,主张要用精神的方法、非武力的方

---

28 《军人服务会决继续绥远服务》,上海《申报》1937 年 2 月 3 日,第 15 版。

29 希孟:《战区服务部消息》,《北平青年》1937 年第 28 卷第 19 期,第 2 页。

30 《战区服务工作汇报》,《同工》1937 年第 161 期,第 29 页。

31 《战区服务部最近工作报告》,《同工》1937 年第 162 期,第 18 页。

32 关于中国唯爱社的详情,参见姚西伊《中国基督教唯爱主义运动》,香港基道出版社,2008 年。

33 徐宝谦:《国难与基督徒》,《真理与生命》1933 年第 7 卷第 4 期,第 3 页。

法——如不合作及经济绝交，在耶稣面前为日本及中国忏悔等方法促醒日本。如，有基督徒指出："唯爱是决不能用武力流血的，决不能用不良的手段去达到好的目的，战争的事，是唯爱主义所极端反对的。"[34]1931 年 10 月，燕京大学宗教学院院长赵紫宸在《真理与生命》的社论中提出基督徒应对国难的方法：对全世界信众特别是日本信众宣传事实真相；为中国政府、人民及世界一切主持公论者祈祷；加紧信众人格的训练；提倡对日经济绝交及国民绝交；本耶稣精神及信徒自己的理解参加救国运动。[35]还有基督徒在《教务杂志》刊文称基督徒对于中日危机态度，应是坚定对耶稣的信仰，坚信正义必胜，需要有追求真理及与邪恶战斗的勇气，开展促进维持和平的工作，但不能参与战争，可抵制错误的观念并给予必要的谴责，促进中日民众的沟通。[36]唯爱派基督徒的主张多是以和平方式解决中日问题，对时局影响甚微，甚至对抗战产生消极影响。

　　"九一八"事变后，在华基督教会纷纷发表声明，呼吁基督徒采取应对此次事变的策略，基本与唯爱派主张类似。1931 年 9 月 28 日，作为全国性基督教联合机构的中华全国基督教协进会（以下简称"协进会"）召开紧急常委会议，分别通过致电国际联盟、世界基督教协进会、日本基督教协进会及全国教会书，呼吁各团体一致主张公道，反对以武力解决国际纠纷，并请日本协进会敦促日本政府从速通令撤兵。协进会态度比较中和，在《敬告全国教会书》中呼吁国际力量主持公道，同心为国祈祷。[37]全国总会主办的《总会公报》则特别发布《紧急的重大事件》通知称："希望我基督徒断难坐视，当人人急起直追共赴国难，尽心尽力参加各项救国事件；切实与日本人断绝经济关系，并贯彻不合作主义；拥护国家团结；谋求国际同情；纪念我关东各地在患难中的同道和百姓。"[38]该会还致电世界基督教协进会转各教会，请求将真相传布国际联盟及各教会，唤起基督教舆论，维持正义与和平。[39]以上全国各教会的宣言或决议，仍是主张采取非暴力的方法处理中日问题。

34　邱运熹：《唯爱新解》，《唯爱》1934 年第 15、16 期合刊，第 50 页。

35　《卷首语》，《真理与生命》1931 年第 6 卷第 1 期，第 1-2 页。

36　W.H.Ma, "Christian Attitudes in China's Crisis", *The Chinese Recorder*, Vol.LXVII, No.9, September 1936,p.538.

37　《为日军侵占东省事敬告全国教会书》，《圣公会报》1932 年第 25 卷第 1 期，第 10-12 页。

38　《紧急的重大事件》，《总会公报》1931 年第 3 卷第 6、7 期合刊，第 759 页。

39　《致世界基督教协进会转各教会电》，《总会公报》1931 年第 3 卷第 8、9 期合刊，第 803 页。

华北基督教各教会还纷纷致电协进会，要求其主持正义，维护和平。1931年9月30日，山东临清基督教公理会致电协进会，提出："日本恃强，占领中土，公理灭弃，战端在即，万望电请国际联盟会，从速制止日本轨外行动。"[40]保定的长老会、救世军等各教会团体联合会也致电协进会，望其函请世界各国基督教团体主持公道，共维国际信义。同时，教会还用自己特有的祈祷形式，为国家和平祈福，激励、警醒信徒的爱国意识。1931年10月1日，北平各教会选派代表开祈祷会，致电协进会主张和平，同时讨论在此局面下的应对方策，并以北平基督教联合会名义致电日本基督教同盟，请求日本基督徒反对他们本国政府的暴行："万希贵国信众与同人等戮力同心，一致进行，促使满洲局面早复原状。"[41]总体而言，当时各教会多主张不必直接与日本"为难"，尽力将日本在中国的暴行对外披露，或诉之国联，或诉之非战公约的国家[42]，带有浓厚的唯爱色彩。

"一·二八"事变后，在华基督教会又掀起救国热潮，但仍多以发表宣言为主，反对暴力。协进会总干事诚静怡发表《为上海事变敬告全国教会书》，呼吁和平解决争端，称："希望教友组织联合祈祷会，务求上帝灵能，对侵略之凶暴，予以制止，尤其中日基督徒团结一致，高举基督，维护利平。"[43]全国总会在事变发生后发布《为当前国难告同胞书》，表示反对人与人之间的仇恨、恶意和报复，认为基督徒面对国难，应有坚持根据事实拥护真理的勇气，应该尊重人类的权益和人格。[44]青年会全国协会与中华基督教女青年会全国协会（以下简称"女青年会全国协会"）还联合于1932年2月19日发布《为上海事件告全国基督徒同学书》，反对学生的暴力抵抗，主张救国之道，在于各尽其守、各专其事，基督徒同学应进行救济难民，联络工商各界，推动不合作运动，并在民众中宣传国难。[45]北平基督教联合会致电协进会，并转上海基督教

40 《临清基督教公理会致协进会电》，《野声》1931年第2卷第2期，第29页。

41 《北平基督教联会致日本基督教同盟电》，《中华归主》1931年第120期，第12页。

42 陈晋贤：《基督徒对于国难态度的分析》，《金陵神学志》1932年第14卷第5期，第14页。

43 《为上海事变敬告全国教会书》，《自理月刊》1932年第22卷第3、4期合刊，第22-23页。

44 《中华基督教会全国总会为当前国难告同胞书》，《总会公报》1932年第4卷第2期，第995页。

45 《为上海事件告全国基督徒同学书》，《华北公理会月刊》1932年第6卷第3期，第37-38页。

各团体，表示慰问，希望中日争端和平处理。但是，此类布告仅能起到宣传作用，并不能左右战局发展。

在长城抗战与绥远抗战中，唯爱派基督徒仍然多以发表宣言与祈祷支持抗战。北平基督教联合会曾于 1936 年 11 月发布为国祈祷宣言，希望基督徒："须主张公道，力持爱义，阐发圣教之底蕴，指陈强权之罪恶……以参加救国，实行工作为事。"[46]此外，教会还利用自身特殊环境，为救亡运动提供帮助。如，山西太谷公理会曾两次为太谷学生抗日救国会提供教堂作为集会场所，而教会虽不赞成救亡人士的过激行动，但在爱国分子遭到搜捕时，也为他们提供适当的保护，这是基督教博爱精神的体现。

曾是西北军重要将领的基督徒张之江在这一时期组织了信行救国十人团[47]，提出推广基督教义、改造人心为救国之根本方法，其宗旨是："本基督教义及其牺牲爱人救世之精神，阐扬真理，唤起全民，共同救国。"[48]该团十人为一组，注重个人祈祷、查经及锻炼体魄，在华北各地多有成立。如，1934 年 6 月，济南中华基督徒信行救国十人团召开成立大会，并相继成立了 12 个十人团。[49]同年，北平也成立了十人团组织。1935 年 1 月，张之江在滕县证道，讲述信行救国方策，结果组织 18 个十人团。[50]信行救国将布道与救国相结合，要求成员："每礼拜至少须与人谈道一次，每一年内最低限度，引一人信主。"[51]该团活动受到蒋介石肯定，蒋于 1934 年致电张之江称："为国贤劳无任嘉勉，仍希努力进行为荷。"[52]实际上，信行救国十人团的活动仍是非暴力的形式，属于唯爱派的范畴，但为基督教救国形式的新探索。

当然，唯爱派基督徒的言行也遭到部分基督徒的批评。如，济南广智院的基督徒王梓仲虽然认可耶稣"爱"的精神，但"若一味的不抵抗与罪恶妥协，而反说是爱仇敌，未免污辱了耶稣的精神与教义"。[53]基督徒刘子静认为唯爱

---

46 《北平基督教联合会为国祈祷宣言》，《真理与生命》1936 年第 10 卷第 6 期，第 381 页。

47 关于张之江组织信行救国十人团的概况，参见邢福增《基督信仰与救国实践：二十世纪前期的个案研究》，香港建道神学院，1997 年。

48 《中华基督徒信行救国十人团简章》，《布道杂志》1932 年第 5 卷第 3 期，第 73 页。

49 《济南中华基督徒信行救国十人团消息》，《真光杂志》1935 年第 34 卷第 1 号，第 71 页。

50 《张之江在鲁证道》，《通问报》1935 年第 5 号，第 12 页。

51 《北平信行救国十人团纪念会演讲补志》，《通问报》1935 年第 12 号，第 6 页。

52 《蒋委员长勉十人团努力》，《信义报》1934 年第 22 卷 39 期，第 669 页。

53 王梓仲：《基督徒与国难》，《真理与生命》1932 年第 7 卷第 1 期，第 36 页。

主义不能适用中日战争,称:"正是因为国际间未有具备采行唯爱主义的条件。今日中国与日本,不能采用唯爱主义的原则,以解决一触即发的大战,更是因为我们与日本亦未具备采行耶稣唯爱主义的条件。"[54]还有基督徒批评说:"抵抗强暴,作正当的防卫乃是每个基督徒应负的责任,无论这种防卫是否出于武力!光是提倡无抵抗是无济于事的,是亡国者的行为,是懦弱者消极的举动,是不适合于一国国民性的要求的。"[55]此类对唯爱派的批评,可谓一针见血,看清了该派主张对日本侵略认识不足且无助于激励全国人民抗日精神的弊端。

唯爱社重要成员徐宝谦主张国际间的谅解与合作,提出联合国际上的教内外开明分子,平时以国际通讯、友谊代表、圆桌会议等种种方法,使中日两国人民,得以信使往返,达成真正谅解。[56]1934 年 8 月 14 日至 18 日,由基督徒顾子仁、徐宝谦等筹划,在北平举行了中日基督徒会议。日本方面有来自东京的松原岩、管圆吉等 5 位基督徒,中国方面则有顾子仁、徐宝谦、王梓仲等 8 人参加会议。中日代表在会上讨论了东方基督教徒对于国际关系的主张、中日两国青年的生活与思想、激进的社会思潮与运动、农村的改造、民众的教育、公民对国际政治的态度及基督教的现状等问题。[57]会议最后成立了一永久团契,即"西山团会",推松原岩、徐宝谦为该团负责人。此次中日基督徒会议,一定程度上促进了中日两国基督徒的交流及对彼此国家的认识,但并未影响双方政府的高层决策,这也是基督教影响力毕竟有限所致。

纵观唯爱派基督徒的言行,仍是从基督教义出发,反对使用武力,主张用爱解决问题,提出和平、不合作等非暴力方式处理中日争端,在基督徒中产生了广泛影响。对于有人批评该派言行"不爱国",有信徒反驳称:"一般中国人的心理,因受日本欺凌过甚的缘故,而主张战争。这是方法的问题,不是爱国不爱国的问题。我们不能说和平就是不爱国,反过来说,战争也不一定是爱国的表示。"[58]诸如此类回应,虽不无道理,但和平抗日的主张在当时既不可行也不被广大民众认可。特别是随着日本侵华行动的加剧,唯爱派基督徒的主张已不适应抗日形势的客观需要。

---

54 刘子静:《基督徒与国难》,《真理与生命》1933 年第 7 卷第 5 期,第 35 页。
55 应远涛:《抗日声中的无抵抗主义》,《野声》1931 年第 2 卷第 2 期,第 12 页。
56 徐宝谦:《国难与基督徒》,《真理与生命》1933 年第 7 卷第 4 期,第 5 页。
57 徐宝谦:《中日基督徒会议概述》,《唯爱》1934 年第 15、16 期合刊,第 69-70 页。
58 林启武:《基督徒的爱国与仇敌》,《唯爱》1932 年第 6 期,第 39 页。

第三节　稳健派的言行

　　基督徒中的稳健派受基督教强调的忍耐及长期受苦精神影响，既不赞成武力抵抗的方法，也不赞成绝对消极的不抵抗主义，而是主张增强自身国力，发动民众，通过务实的行动救国，作长期抵抗的打算。华北公理会基督徒许光迪，认为须揭露日本侵略计划、野心，但不必勉强政府立刻对日宣战，全民应同德同心，联合起来同做自卫的准备，采取经济绝交、军事训练、加紧锻炼自身技能等方式抗日。[59]作为基督徒的燕京大学校长吴雷川认为救国首先需要阻止国内的兵争，即要杜绝外侮，必得止息内争，并提倡改革一切不良的制度，这比改革人心更切实际，可促使公义与仁爱早日实现。[60]该派的主张带有中间调和色彩，既不激进，又不妥协，故获得不少基督徒的支持。

　　稳健派基督徒在救亡运动中，逐渐意识到应唤醒广大民众参与救国，信徒应与民众打成一片，要激发民众自救自强的救国意识，这是救国的根本之道。有北平信徒感叹："国难当前的今日，对日问题是一时未可轻忽的，而在工作之余，我们感受最痛苦的，就是没有民众的同情，那末[么]对于博得民众抗日的同情，尤其是不可忽视的。因此，我们基督徒的救国运动，是以上述方法为手段，对日急切更急切的手段。"[61]还有基督徒认为中国本土布道员面对九一八事变，应首先明确自己身份乃是中国人，还应做到："本耶稣的精神，作解除民族痛苦的工作，使压迫的得自由，故应在各人所在的地方唤起民众，组织民众，在力所能及的场合上，作抵抗日本的运动，诸如抵制日货，举行识字运动，组织地方自卫等。"[62]山东基督徒李彦林在赴乡间宣传抗日后，更感到民众缺乏对国事的认知，将日本人侵东北看作中国的内争，故号召基督徒与布道员应着力发动民众，指出此举也符合耶稣的主义，去唤醒那些知识浅的同胞，将所知道的国事急速地告诉他们。[63]总之，广大基督徒逐渐认识到救国必须深

59　许光迪：《中国基督徒对于日本出兵东三省的认识及准备》，《华北公理会月刊》1931年第5卷第8期，第13页。

60　吴雷川：《经过"国难"的基督教》，《真理与生命》1931年第6卷第3期，第10-11页。

61　《北平区联农村服务委员会宣言》，《华北公理会月刊》1931年第5卷第10期，第45页。

62　谢景升：《日本占领东三省后宣教师应有的态度》，《紫晶》1932年第3卷第1期，第17-18页。

63　李彦林：《基督徒与传道士救国的方法》，《兴华周报》1931年第28卷第50期，第13页。

入广大民众中去，发动民众，开展民众教育，提高其觉悟。出于传播福音的考虑，部分基督徒还主张救国更应在民众中传播基督教，如有教会人士指出："若大多数的民众，得不到高尚的智识和道德，不明白基督教的真理与爱，即不能使中国得救。"[64]

对于一直被国民提倡的抵制日货，稳健派基督徒却质疑其效果，认为应当积极提倡生产国货，而非消极抵制日货。如有基督徒称："其实抵制日货，对于日本并无妨碍，我们拿什么东西去抵？然而所以行，也不过为了于主观方面觉得平安一点而已！其实日本人正在笑我们是傻瓜，便宜日货不买，反买贵的西洋货！"[65]也有基督徒认为抵制日货被日本用作向国联控告中国人挑战的依据，"并以此为实施侵略的借口，特别是向日本国民提供了宣传的有力资料，而直接影响并不及于造祸的罪魁：资本家和傀儡的军阀，吃苦的倒是无辜的小工商与一般的日本民众"。[66]从抵制日货的结果看，多数抵制日货运动的实际效果不佳，提倡国货反而是较有成效的行动，故部分教会为此发起提倡国货运动。如，当时北平公理会组织的妇女救国十人团，在《世界日报》上定期出版妇女救国专号以扩大宣传，并组织家庭合作社以制作各种毛线制品出售，作为支持国货的具体行动。

稳健派基督徒还采取实际行动救国。如，山西太谷基督徒于 1931 年底成立基督徒救国会，分布道、宣传及募捐三股，进行宣传演讲及募捐事项。[67]长城抗战爆发后，华北各教会派人参与伤兵救护，通过务实的行动支援前线。张家口的挪威传道会即利用教会医院救助伤兵，并向中国红十字会请求经费及人员援助。[68]1933 年，北平救世军在北平国民伤兵医院进行伤兵救护工作，前后接收伤兵百余人。该处基督徒在看护伤兵的同时，还乘机传道，向他们传播福音，并鼓励他们参加每日清晨的祈祷会。每次公开聚会，亦多有自动参加者，且有立志求道及认罪归主者。[69]同年 4 月，华北公理会在潞河中学成立伤兵医院，召集热心基督徒组织伤兵慰劳委员会，照料伤兵，并

64 余牧人：《中国教会今后应努力的事工》，《金陵神学志》1932 年第 14 卷第 5 期，第 6 页。

65 《邱运熹覆张雪岩》，《唯爱》1933 年第 9 期，第 37 页。

66 张雪岩：《对日的态度与办法》，《唯爱》1932 年第 6 期，第 33 页。

67 《山西太谷县基督徒救国联合会宣言》，《谷声》1931 年第 32 期，第 34-35 页。

68 《张家口那威传道联合会主席有关救济伤兵一事的函（1933 年 4 月）》，北京市档案馆藏，档案号：J023-001-00117。

69 《国民伤兵医院》，《救世报》1933 年第 182 期，第 1 页。

为他们提供娱乐服务。[70]1933 年 6 月，协进会还公开为饱受战乱的同胞公开募捐，得到华北各教会的大力支持。该派的救国行动从抗日实际出发，利用自身在医疗技术及基督徒人数众多的优势，为华北抗战提供了急需的帮助。

基督教青年会作为具有浓厚"社会福音"思潮的来华教会团体，向来在社会服务工作中贡献颇多，除了前述比较激进的战区服务外，还在舆论与财物上支援抗日。青年会面对国难，首先呼吁基督徒救国。1931 年 9 月 25 日，女青年会全国协会发表告全国书，提出三点主张："拥护国府将沈案诉诸国联，请求世界公断之政策；主张非武力抵抗，以促日本觉悟；组织小团体，以研究中日问题。"[71] 青年会还通过座谈会、印制抗日宣传品、组织演讲等多种形式参与抗日活动。如，1934 年 5 月，烟台青年会邀请冯玉祥演讲抗日救国，冯氏在讲演中表达了对国事的不满。[72]青年会的抗日活动还引起了日方抗议，如 1935 年日方曾向中方抗议北平青年会知行社借基督教之势力开展排日行动。[73]

华北各地的女青年会在全民抗日热潮的激发下，积极支援、捐助前线，开展战地护士培训。"九一八"事变后，北平女青年会于 1931 年 9 月 29 日开全体会员大会，讨论对日方法，提倡抗日救国，并通电揭露日本暴行。[74]该会与北平男青年会共同组织了抗日救国会，在具体行动上有：提倡不购日货，不存款于日本银行，不向日本保险行投保；同时要求会员积极参加本市之抗日救国工作，并编辑"九一八"事变后日本横暴史；各会员每日定时间锻炼身体以共御外侮等。[75]北平女青年会还组织多个妇女救国十人团，提倡国货，研究国家的实际问题，并积极进行调查国货工作。[76]此外，该会还组织热心妇女做纱布、绷带等，以备东北义勇军之用，并培训妇女参加后方救护队。"一·二八"事变发生后，女青年会又积极募款慰劳第十九路军。天津女青年会除为上海战事募款外，并做 35 打绷带、400 套白布裤褂，运至上海。另，该会开设救护班，

70　《华北公理会成立伤兵医院》，《信义报》1933 年第 21 卷第 22 期，第 1262 页。

71　《女青年会全国协会告全国同工及会员书》，《野声》1931 年第 2 卷第 2 期，第 26 页。

72　《朱家骅电蒋中正（1934 年 5 月 29 日）》，台北"国史馆"藏：蒋中正总统文物档案，档案号：002-080200-00166-0092。

73　《管翼贤、陈方电杨永泰（1935 年 4 月 5 日）》，台北"国史馆"藏：蒋中正总统文物档案，档案号：002-080200-00218-121。

74　《各校反日工作仍积极紧张》，《世界日报》1931 年 9 月 29 日，第 7 版。

75　《北平基督教男女青年会抗日救国会简章》，《华北公理会月刊》1931 年第 5 卷第 8 期，第 29-30 页。

76　《妇女救国十人团与后方救护队》，《会务鸟瞰》1932 年 2、3 月合刊，第 9 页。

每次请医生、护士演讲救护知识，共开班 10 次，每次平均 40 余人。[77]因当时东北义勇军孤军奋战，1933 年初，北平女青年会特筹款慰劳东北义勇军，先后发出两批慰劳品。烟台女青年会也发起援助义勇军募捐运动，全体会员出发募捐筹款及衣服。[78]绥远抗战期间，天津女青年会曾联合天津市各界妇女，发起组织援绥救护会，募得千余元，购置布料棉花，制成被褥 100 余件，送往前方伤兵医院。[79]北平女青年会发起援绥运动，与北平妇女促进会成立援绥筹备委员会，通过举办游艺会及提倡家庭妇女节俭筹款，募集御寒皮手套、皮衣及皮袜等，转送前方将士。[80]女青年会所开展的力所能及的支持前线工作，虽然并不能改变战场局势，却体现出基督教团体的博爱与爱国之心。

这一时期，华北的外国传教士大多同情、支持中国的抗日救亡运动，并在国际上揭露日本的侵略与暴行。如对于国联的调查，美国公理会某教士曾形象地称："这样的举动，以我看仿佛一处房子着了火，我们不应当先去调查是为什么着的，是谁点的，是怎样点的，我们乃是先去救火，等到火灭了以后，我们再调查这一切详细情形。"[81]同时，传教士还利用自身优势在国外报刊上揭露日本暴行，支持中国的正义斗争，并有传教士在回国休假时发表专门针对中日问题的演讲。如华北公理会传教士博晨光（Lucius C. Porter）自九一八事变后，在美国各大城市做了 40 余次演讲，介绍中日此次冲突，并提出解决中国的东北问题，需要世界上各国人士联合起来共同打败霸道的日本，但应抵制使用武力。[82]还有外国传教士在《教务杂志》上刊文支持中国基督徒的民族主义行动，认为此类行为并不违背基督教义。[83]当然也有类似唯爱派主张的外国传教士，不提倡武力抵抗，而是采取非暴力的方式抗日。在华传教士之所以支持中国的抗日救亡运动，一方面受基督教博爱精神影响，另一方面也有防止日本入侵影响在华传教乃至本国在华利益的考虑。

77　《会员部募款慰劳与组织救护班》，《会务鸟瞰》1932 年 2、3 月合刊，第 42 页。

78　《烟台市会事工大纲》，《女青年》1933 年第 12 卷第 4 期，第 98 页。

79　《援绥救护会》，《女青年》1937 年第 16 卷第 3 期，第 64 页。

80　《妇女促进会与女青年会昨开援绥联席会议》，《世界日报》1936 年 11 月 24 日，第 8 版。

81　M 教士：《我对于现今时局的感想》，《华北公理会月刊》1932 年第 6 卷第 2 期，第 2 页。

82　博晨光：《美国人眼中之中日事件》，《华北公理会月刊》1932 年第 6 卷第 8 期，第 48 页。

83　Andrew Thomson, "Christianity and Nationalism", *The Chinese Recorder*, Vol.LXIII, No.3, March 1932, p.140.

晚清以来，作为外来宗教的基督教在中国民族主义的大潮中长期持局外旁观态度。当时，基督教会内部"认为救亡运动是有浓厚的国家和种族的色彩，基督是超国家的，超种族的，所以不能参加；认为这种运动是武力的和流血的，基督教是主张和平的，所以原则上根本冲突；认为这是属乎世俗的，与属灵的无关，所以不赞成它"[84]，以上认识是导致基督教会在救国运动中持消极态度的主要原因，另外还有其秉持政教分离的主张，不愿介入政治层面及意识形态的争执，免得自惹麻烦。但是，基督教会这种"不介入"态度在中国国难当头的关口尤不适宜，招致教内外人士的不满，"有好些青年基督徒，因为激于爱国家，爱社会的热忱，不满意于基督教的沈寂，就舍弃了固有的信仰，不顾一切，走入他途"。[85]

"九一八"事变后，华北成为中日直接冲突区，在民族主义的影响下，中国基督徒的民族意识与社会责任感被激发出来，他们通过多种形式投入抗日救亡运动中。广大中国基督徒既遵循基督教义的教诲，践行救国救世的行动，又努力尽到国民应尽的爱国义务，参与拯救国家民族的危亡。从实际效果看，中国基督徒为抗日救亡运动做出了应有的贡献，他们的行动与基督教义中的爱人爱国的要求相切合，还驳斥了所谓"多一个基督徒，少一个中国人"的反教宣传。中国基督徒参与救亡运动，证明他们并不是游离于世俗社会的特殊人群，而是基督教与民族主义运动的结合，是基督教"社会福音"理论在中国的实践体现。基督教会的抗日爱国行动，更是其融入中国社会，增强民众对其认同的努力，这既是基督教本土化的积极尝试，也为全面抗战爆发后全国性的基督教负伤将士服务委员会[86]的成立，以及大规模开展基督教救济活动奠定了基础。不可否认，基督教会的战区服务带有传教的功利目的，吸引了少数官兵入教。

华北基督教会内部对于救国方式存在不同看法，特别是因基督教部分教义与爱国主义之相冲突，使有些教友感到困惑。如，少数中国基督徒"因鉴于国难严重，感觉着基督教信仰与爱国思想中间的矛盾，内心更觉不安"。[87]有

84 漱渝：《读〈基督教青年的新觉悟和新出路〉有感》，《消息》1936年第9卷第10期，第20页。

85 吴雷川：《唯爱与学运》，《唯爱》1935年第17期，第36页。

86 关于该会的研究，参见陈智衡：《抗日时期基督教会的军人服务——基督教负伤将士服务协会史述》，李金强、刘义章主编：《烈火中的洗礼——抗日战争时期的中国教会（1937-1945）》，香港宣道出版社，2011年，第249-290页。

87 徐宝谦：《1933-34年燕大宗教生活回顾》，《燕大团契声》，北平，1934年，第5页。

传教士对此争论则称:"基督徒不可拿圣经来证明对日宣战的是非,因为他们觉得基督的道理是不适用于战争问题的。"[88]不过,基督教会内部关于救国方式的派别并非泾渭分明,不少基督徒的主张往往在两派之间徘徊,如武力抵抗派的部分基督徒也同时主张采取经济绝交、对日不合作的方式。特别是随着日本侵华加剧,基督教会内占多数的唯爱派及稳健派,也逐渐倾向于武力抵抗派的主张,这是基督教人士在认清日本侵华严重性之后的必然反应。日本侵华的步步紧逼,迫使更多基督徒放弃和平幻想,注重务实救国。正如燕京大学教授刘廷芳所认为那样,"今日中国教会当少讲闲话,少宣传抽象之教义,多做实际之研究,多做事实之讨论"[89],努力研究国事,以指导民众救国。更为重要的是,广大中国基督徒从理论与行动上参与抗日救亡运动,还扩大了抗日民族统一战线的阵营,成为全民族抗战的重要组成部分。

---

88 张祖翼:《基督徒于东省事件态度的剖解》,《女青年》1932 年第 11 卷第 1 期,第 11 页。

89 刘廷芳:《信徒对于国事第一步的工作》,《真理与生命》1932 年第 6 卷第 4 期,第 4 页。